U0501008

我国区域自由贸易协定
服务贸易规则研究

张 凡◎著

知识产权出版社
全国百佳图书出版单位
——北京——

图书在版编目（CIP）数据

我国区域自由贸易协定服务贸易规则研究/张凡著.—北京：知识产权出版社，2024.9.—ISBN 978-7-5130-9509-9

Ⅰ.F752.4

中国国家版本馆 CIP 数据核字第 202450G96K 号

内容提要

本书通过评估我国已经签署的双边自由贸易协定服务贸易领域的自由化水平，概述了我国与已签署自由贸易协定的国家或地区的服务贸易发展现状，通过对我国各类自由贸易协定的条款进行深刻解读并做详细比较分析，优化了现有的研究方法，用于评估部门开放清单中的部门开放深度；并与我国加入世界贸易组织承诺的服务贸易开放度进行对比，为我国服务贸易未来进一步开放提供参考和依据，助力构建新兴服务贸易领域开放新格局。

责任编辑：韩　冰　　　　　　责任校对：谷　洋
封面设计：邵建文　马倬麟　　　责任印制：孙婷婷

我国区域自由贸易协定服务贸易规则研究
张　凡　著

出版发行：**知识产权出版社**有限责任公司	网　址：http://www.ipph.cn	
社　址：北京市海淀区气象路 50 号院	邮　编：100081	
责编电话：010-82000860 转 8126	责编邮箱：83930393@qq.com	
发行电话：010-82000860 转 8101/8102	发行传真：010-82000893/82005070/82000270	
印　刷：北京九州迅驰传媒文化有限公司	经　销：新华书店、各大网上书店及相关专业书店	
开　本：880mm×1230mm　1/32	印　张：8.875	
版　次：2024 年 9 月第 1 版	印　次：2024 年 9 月第 1 次印刷	
字　数：212 千字	定　价：89.00 元	

ISBN 978-7-5130-9509-9

目 录
CONTENTS

第 1 章　绪　论 ……………………………………… | 001

　　1.1　研究背景和目的 / 003

　　1.2　研究方法和构成 / 006

　　1.3　本研究的创新点和不足 / 007

第 2 章　文献综述和理论基础 ……………………… | 011

　　2.1　国际服务贸易的定义及现状 / 013

　　2.2　GATT/WTO 有关服务贸易的规则 / 031

　　2.3　我国已签署的自由贸易协定服务贸易
　　　　规则文本研究 / 070

第 3 章　我国区域自由贸易协定服务贸易规则的分
　　　　析与评价 ……………………………………… | 085

　　3.1　我国区域自由贸易协定服务贸易规则
　　　　的特征 / 087

　　3.2　我国区域自由贸易协定服务贸易规则
　　　　的定量分析 / 092

3.3　我国区域自由贸易协定服务贸易规则
　　　的评价 / 109

第 4 章　我国区域自由贸易协定服务贸易规则存在
　　　　的问题及改进方案 ………………………… | 131

4.1　我国区域自由贸易协定服务贸易规则
　　　存在的问题 / 133

4.2　我国区域自由贸易协定服务贸易规则
　　　的改进方案 / 137

4.3　我国区域自由贸易协定服务贸易规则
　　　后续谈判的应对方案 / 143

第 5 章　结　论 ……………………………………… | 149

参考文献 …………………………………………… | 155

附　录 ……………………………………………… | 167

附录 1　《中国—新西兰自由贸易协定》
　　　　第九章服务贸易 / 169

附录 2　《中国—瑞士自由贸易协定》
　　　　附件六服务贸易 / 183

附录 3　《中国—澳大利亚自由贸易协定》
　　　　第八章服务贸易 / 196

附录 4　《中国—新西兰自由贸易协定》
　　　　服务贸易具体承诺减让表 / 225

第 1 章

绪　论

1.1 研究背景和目的

21 世纪以来，世界经济的发展步伐有所减缓，而国际贸易保护主义力量逐渐增强，导致 WTO 的多元化贸易系统受到了严重的干扰。

随着时间的推移，WTO 在维护全球贸易秩序方面的作用和能力明显减弱。与此同时，区域贸易协定（RTA）在推动区域贸易和投资自由化、加快区域经济一体化以及维护全球贸易体系方面扮演着越来越重要的角色。

WTO 的数据库显示，21 世纪初，全球的区域贸易协定签订量呈现出显著的上升趋势，并且这些协定所覆盖的范围也在不断扩大。截至 2021 年 8 月末，已经公开并正在执行的 RTA 达到了 568 项（包括单独签订的服务贸易部分协定），其中共有 181

项 RTA 涉及服务贸易的相关内容。

伴随着亚洲区域经济一体化的持续推进，大部分亚洲国家与亚洲经济体已与全球其他国家和经济体签订和达成了自由贸易协定（FTA，简称"自贸协定"），并形成了一系列具有独特代表性的自由贸易协定和区域贸易协定。

根据相关资料统计，现阶段全球范围内的亚洲经济体的自由贸易协定在所有自由贸易协定中的占比已经达到一半以上。含有服务贸易内容的双边 RTA，总数达到上百个，包括了更多的世界主要发达经济体，例如美国、欧盟和 OECD 国家等都被纳入了这个庞大的自由贸易协定网络之中。①

根据 WTO 相关资料统计，截至 2021 年 2 月，亚洲经济体与全球各地区经济体签署生效的区域自由贸易协定共有 186 个，约占全球区域贸易协定总数的 55%。截至 2024 年 5 月，我国已经与 30 个国家和地区签署了 23 个自贸协定，自贸伙伴覆盖亚洲、大洋洲、拉丁美洲、欧洲和非洲。我国与自贸伙伴的贸易额占对外贸易总额的 40% 左右。然而，随着国际经济贸易环境的变化、数字贸易以及新兴跨境电子商务带来的服务产品生产和贸易方式的转变，WTO 货物贸易以及其他领域的主要规则和标准已经无法有效规范各国的贸易活动。同时，WTO 服务贸易规则中服务部门的开放模式和开放水平也不能很好地满足新兴服务贸易活动的需要。

在此背景下，截至 2023 年年底，全球共签署了 591 项区域

---

① 孙蕊. 中国服务贸易开放政策的广度与深度研究 [D]. 天津：天津财经大学，2018.

贸易协定。从协定覆盖内容来看，全球区域贸易协定中覆盖货物贸易和服务贸易两大类的共有 219 项，仅仅涉及服务贸易的有 3 项，总计有 222 项区域贸易协定都覆盖了服务贸易内容。

同时，在我国与 27 个国家和地区已签订的 19 个自由贸易协定中都涉及了服务贸易的重要内容。以 2023 年我国签署生效的《区域全面经济伙伴关系协定》（RCEP）中有代表性的服务贸易内容为例，所有 15 个协定成员方均承诺开放超过 100 个服务贸易部门，其不仅涵盖金融、电信、专业服务、自然人临时移动等内容，而且以新加坡、老挝和柬埔寨为代表的 7 个成员方都采用了负面清单的开放方式。例如，老挝的增值电信、运输服务等领域，以及柬埔寨的金融、建筑、运输服务等领域，都将成为我国在服务贸易方面与之加强合作的重点领域。[①]

但从我国签署的双边 RTA 中服务贸易开放领域来看，与一般货物贸易对外开放的速度和程度相比，服务贸易对外开放的速度和程度则相对较低，且开放度水平也较低。我国商务部高级专家张建平曾表示，对我们来说，既需要学习并吸取西方先进国家的服务行业开放历程中的教训与成果，同时也需要依据我们的特色去寻找符合中国特色的服务产业道路。尽管我们在全球服务贸易的竞争力方面仍有不足之处，但是过分封闭并不是解决这一问题的最佳方式——唯有顺应时代的变迁趋势，通过扩大对外开放的广度及深度促进国内服务行业的进步，才有可能真正提升其市场地位并在更高层次推进国内外服务贸易的健康成长。

---

① 参见：http://www.catis.org.cn/index.php?c=show&id=745/。

习近平主席在 2020 年中国国际服务贸易交易会全球服务贸易峰会上致辞，并就服务业开放合作提出了一系列新主张，"建立健全跨境服务贸易负面清单管理制度""继续放宽服务业市场准入""主动扩大优质服务进口""加大知识产权保护""支持组建全球服务贸易联盟""将支持北京打造国家服务业扩大开放综合示范区"等。习近平主席提出的这一系列深化服务业开放合作的新举措和新主张，为全球共同发展注入了新动力。

本研究的目的是通过评估我国已签署的具有代表性的双边 FTA 文本服务贸易领域的自由化水平，与我国加入 WTO 承诺的服务贸易开放度进行比较，了解当前我国服务贸易开放水平及开放进程，为我国服务贸易未来进一步开放提供参考和依据，助力构建新兴服务领域开放新格局。

1.2 研究方法和构成

在世界贸易组织体系下，各国及各地区的自由贸易协定在普通商品与服务的规制上存在显著差别。服务贸易产业的特性，如非物质性、无法分割的产品制造及消耗过程、不易存储性和高度的异质性等，导致其与商品交易相比，具有更多样的商业模式，面临更复杂的海关管理和数据统计的挑战，以及需要利用生产资源跨越国家界限的服务设施布局等。这些特性的影响使服务贸易政策能在很大程度上干预服务贸易的行为。

近年来，全球服务贸易自由化水平不断提升。特别是以我国为代表的新兴市场和发展中国家通过放宽外资股比限制等措施，有效提高了服务业开放水平。相关研究表明，评估一个国家的服务贸易自由化水平的主要方法是对该国服务贸易非关税壁垒进行测度。例如，基于区域自由贸易协定来构建服务贸易各行业层面的评估指标，检验市场准入、协定深度对各国与贸易伙伴双边服务贸易的影响。

本研究在李杨等（2022）的服务贸易规则定量分析成果和研究方法的基础上进行了拓展，以 WTO 自由贸易协定分类框架为依据对自由贸易协定文本条款进行逐一归类，在此基础上构建了"领域—条款—核心要件" 3 个层级的服务贸易规则覆盖程度和服务贸易规则执行程度的评估框架，对自由贸易协定的自由度进行量化评估，并得出相应的结论。

1.3 本研究的创新点和不足

本研究建立了一个新颖的服务贸易开放水平评估框架，列出了我国加入 WTO 协定中有代表性的 10 个联合国核心产品分类（CPC）服务部门的服务贸易规则覆盖程度的 11 项内容和服务贸易规则执行程度的 4 个核心要件。通过比较我国具有代表性的详细的服务贸易规则覆盖程度和服务贸易规则执行程度指标，来反映我国签订的自由贸易协定文本的政策开放水平。

本研究完善了基于五级赋分法构建的用 3 个指标评估部门服务贸易规则覆盖程度和服务贸易规则执行程度的方法，将其同时适用于正面清单和负面清单，还补充了用服务部门及分部门开放数量反映的部门开放指标。本研究使用以上评估框架和指标，对我国 3 个代表性区域自由贸易协定文本服务贸易领域进行评估和比较，以此重点反映我国区域自由贸易协定文本服务贸易规则覆盖程度和服务贸易规则执行程度的现状和不足。

随着区域自贸协定谈判发展重心向服务业领域倾斜的新经贸规则的涌现，例如，《全面与进步跨太平洋伙伴关系协定》（CPTPP）的服务贸易领域规则，显示出我国在知识产权、竞争政策、补贴等措施方面存在不同程度的不足。同时，在对接国际高标准经贸规则的服务贸易领域方面的创新水平还有待提高。例如，CPTPP 和《数字经济伙伴关系协定》（DEPA）的数字贸易领域规则，都涵盖了在线消费者保护、个人信息保护等数字贸易，而我国的服务贸易领域规则主要聚焦跨境数据流动等部分数字贸易，缺乏创新点。

本书对我国代表性自贸协定进行了数据收集，并进行了指标测度研究，但受制于数据缺失等情况，仍然存在一些不足之处。在本研究的基础上，可以将以下几个方向作为后续研究的方向。

第一，测度范围的拓展。在本书现有的测度层面，由于相关数据缺失、承诺方式表述不一等原因，部分协定文本未纳入自贸协定层面的测度范围。随着协定文本数据信息的不断丰富，与承诺模式的逐步统一，这类协定文本的量化在我国未来的自贸协定服务贸易领域的开放测度将进一步完善。

第二，测度方法的改进。本书在现有研究的基础上，采用了最新的认可度较高的测度方法，力求测度方法的客观性，但在协定文本内容的计分原则方面，在一定程度上不可避免地受到研究者主观赋分因素的影响。随着服务贸易领域新业态模式不断出现，本书中服务贸易领域的测度指标分类也将得到进一步的细化和优化。

第三，分析样本的不断扩充。我国已签订了 23 个自贸协定，与 WTO 数据库中全球数千个自贸协定样本相比，数量上相对不足。随着我国加入 WTO 之后与越来越多的国家进行自贸协定谈判，我国自贸协定服务贸易领域的样本和数据将不断扩充，这也有助于后续运用相关数据进一步验证相关分析结论。

第 2 章

文献综述和理论基础

2.1　国际服务贸易的定义及现状

2.1.1　国际服务贸易的定义

国际服务贸易的定义有狭义和广义之分，通常指的是国际范围内的服务交易。

1. GATS 中的定义

服务贸易总协定（GATS）是世界贸易组织协议中不可或缺的部分，它对于服务贸易的界定已经被全球广泛认可。根据该协议，"服务贸易"可以理解为以下四种情况：①从某国境内向他国的境内提供服务；②在某个国家的境内向来自另一个国家的服务使用者提供服务；③由某国的服务供应商通过在另一国的商务机构来提供服务；④由某国的服务供应商借助在另一国的自然人来提供服务。

在 GATS 中，服务贸易的类型实际上是根据服务提供方和消费方是否在空间上发生移动来划分的。

（1）跨境交付（Cross-border Supply）。

跨境交付指的是由某一成员方内部对任意其他成员方的内部分配的服务，而其提供者和接受者都不需迁移。"跨境"意味着"服务"穿越了边境线，并且这种服务的传递主要是利用电话、电报、互联网、电脑、电视等方式，同时也包含使用邮寄或者快递的方式传递文档、光盘及磁带等。在现今技术高度发达的背景下，人流和物料通常无须越过边境，例如，在国际经济领域中的电子结算与付款、国际通信服务、资讯顾问服务、卫星电影服务、海外的服务外包等，这些都可以归类为跨境交付。跨境交付又可分为被分离服务（Separated Service）贸易和被分离生产要素服务（Disembodied Service）贸易两种类型。前者如金融服务贸易和保险服务贸易，可以通过国家之间的通信手段进行；后者也称为缺席要素（Absent Factor）服务贸易，即在提供服务时，并不需要所有要素都移动，可能存在某种要素（如管理要素）在母国不移动即可通过信息通信技术提供服务的情况，以强化海外生产要素。

（2）境外消费（Consumption Abroad）。

境外消费是通过服务的消费者的国境移动实现的，服务是服务提供者实体存在的那个国家（或地区）生产的，在服务提供者境内，其他国家（或地区）的消费者可能是旅行者、留学生或患者。只有当这些消费者亲自前往或居住在海外时，才能享受到此类服务。例如，本地的患者去国外就医、外籍游客来我们国家旅游、本土学子赴国外进修等。

（3）商业存在（Commercial Presence）[①]。

商业存在是指服务提供者在其他成员方设立实体，向客户提供服务以获取利润。这是四种服务方式之一，也是服务贸易中的核心形式。商业存在主要包括市场准入和外国直接投资，即允许服务提供者在另一成员方设立机构并提供服务，例如，设立合资企业、合作企业和独资企业，在该机构可以雇用本国员工或外国服务人员。举例来说，外国企业进驻中国投资开设酒店、零售店和律师事务所等，就属于商业存在类型。

（4）自然人移动（Movement of Natural Persons）。

当一位来自某国的服务提供者跨越边境到另一个国家为客户提供服务时，就形成了所谓的"自然人移动"。这种现象包含了两个方面：第一，如果该服务的提供者是一个独立的自然人，他可以作为一个专家或者医疗人员进入目标国家的领土内为其提供服务；第二，海外人士也可以被视为某个企业或组织的员工并以此身份到目的地国家工作，例如他们可能是咨询公司的职员、医疗机构的人员或者建筑工程团队的人员等。要实现这一行为，必须满足以下前提条件：接受此项服务的国家应准许外籍人士入境并在其国内开展业务。举例来说，国外教师、科技专家或者医生来我国提供私人服务，就属于自然人移动类型。

图 2-1 和图 2-2 所示的服务贸易模型，其中包含了 GATS 体

---

① 杜振华. 国际通信服务贸易［M］. 北京：北京邮电大学出版社，2019，25.

系下的四大类服务贸易形式。关于服务的界定，乌拉圭回合的中期审查文件明确提出，多边服务贸易法制架构内的定义应该涵盖上述四种类型的服务方式，并通常需要满足如下四个条件：服务与付款的跨境流动性、目标特定性、业务连贯性和时效限制性。这些判断准则有助于我们更好地理解服务贸易的内涵。

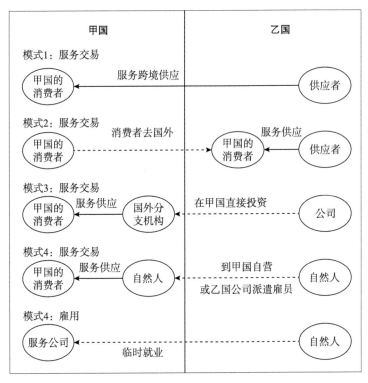

图 2-1　GATS 框架下的服务贸易分类

资料来源：《国际服务贸易统计手册》，2008 年版。

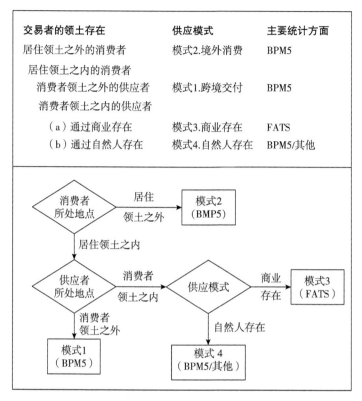

交易者的领土存在	供应模式	主要统计方面
居住领土之外的消费者	模式2.境外消费	BPM5
居住领土之内的消费者		
消费者领土之外的供应者	模式1.跨境交付	BPM5
消费者领土之内的供应者		
（a）通过商业存在	模式3.商业存在	FATS
（b）通过自然人存在	模式4.自然人存在	BPM5/其他

图 2-2 GATS 框架下的服务贸易四种类型综合模型

资料来源：《国际服务贸易统计手册》，2008 年版。

服务的交易范畴非常宽泛，可以根据 GATS 对 4 种服务供应形式的服务活动的详细描述来划分，服务行业被划归在由 WTO 秘书处编制并使用的关于服务行业的分类指南（"GNS/W/120 服务业分类"）中，这个分类系统把服务贸易进一步细化为 12 大类别和超过 160 个子领域。需要注意的是，"GNS/W/120 服务业分类"只是一个用于谈判的目录，而不是全球公认的统计分类体系。

2. 其他具有代表性的定义

对于国际服务贸易的定义，由于全球以及各国的文献并没有形成一致且公认的标准，下面我们总结了几个具有代表性的定义供大家参考。

（1）联合国贸易和发展会议（UNCTAD）的定义。

UNCTAD 根据进出境行为界定国际服务贸易，该概念指的是将货物经过处理、组装或修理，或者以货币、人流、资讯等形式作为生产要素向外国消费者提供服务，并且由此获得收益的过程，它是各国间服务互换的一种表现形式。具体来说，狭义的国际服务贸易涵盖了实体的、跨越国家的且满足严谨服务定义的直接服务商品的进出口活动。而广义的国际服务贸易则包含了实际服务的供给及需求，同时也覆盖了在未发生物理互动的前提下，服务供应方和服务接受方之间的虚拟国际服务交易。例如，网络卫星传输信息、版权专利等技术贸易。

（2）国际货币基金组织（IMF）的定义。

根据 IMF 在 2008 年的《国际收支手册》中的描述，对于"international service trade"的理解如下：这是指各国公民与外国人之间的跨越国境的交换过程，也就是所谓的"services cross-border transactions"，这部分内容通常会出现在国家的常设预算内。这个解释是 IMF 对"international services trade"所下的明确定义，也是一种被人们普遍接受并用于实际数据收集的方法论框架。《国际收支手册》还有关于如何确定本国的身份及其活动的指导原则，并且包含一些针对"international service trade and remittances" 的研究结果。

与《国际收支手册》中对服务业进出口的规定进行对比后发现,世界服务行业协议书不仅涵盖所有类型的国内外的跨境业务往来,还把本国有经营权的外商企业同其他国民间的经济活动纳入其中,也就是说在本国内有居住权利的人民之间发生的商务行为也被视为属于该项规定的内容之一。

(3)《国际服务贸易统计手册》的定义。

《国际服务贸易统计手册》是由联合国、欧洲共同体委员会、国际货币基金组织、经济合作与发展组织、联合国贸易和发展会议、世界贸易组织等共同编写的,手册主要阐明了服务贸易产生的过程,它的一个重要特点是讨论了可能的提供服务的方式。该手册还对国际服务贸易进行了广义的解释,其定义涉及居民和非居民之间的交易、通常意义上的服务贸易,并把服务贸易的含义扩大至包括通过国内设立的企业提供的服务。在手册中,这后一类交易被称为国外分支机构服务贸易,即外国附属机构服务贸易(Foreign Affiliates Trade in Services,FATS)。同样,在服务贸易的范畴内还讨论了贸易协定所涉及的对短期定居境外的个人而言与服务有关的几种雇佣类型。

尽管有上述几种主要的服务贸易定义,但它们涵盖的内容仍然不足以满足实际需求,原因在于这些定义未能明确区分服务贸易与生产要素的跨境移动。为了克服这一问题,巴格瓦蒂等人提出了新的观点,他们认为应根据生产要素是否具有临时或长期性质将其分为两类:短期内跨国转移产品要素的贸易被视为服务贸易,而那些长期存在的产品要素并不包含在此范畴内。同样地，对于资金而言，其在全球范围内的长线流入被称为国际直接投资；对于劳动力来说，这种现象表现为国际移民。

2.1.2　国际服务贸易的发展过程及现状

第二次世界大战之后，全球经济发展和服务贸易呈现出独特的趋势，可以将其划分为3个阶段。

1.　第一阶段：服务贸易是货物贸易附属阶段（第二次世界大战之后到 20 世纪 70 年代初）

第二次世界大战之后的最初几年里，全球经济逐渐复苏并持续进步，同时这也是第三次科技革命的萌发与成长期。在此期间，全球经济呈现出惊人的反弹趋势，生产效率也显著提升。然而在此阶段，各国的服务贸易并未被视为单独的存在，而是在现实交易的过程中以货物的附带形式出现的，如为商品提供临时的储存、运送或商务支持等服务，这些服务的开展往往零散且具有间歇性，无法得到大规模的发展。不过，生产力的大幅提升推动了国际协作，同时也刺激了国际贸易的急剧扩张，进而促使国际服务贸易同步扩大，特别是在 20 世纪 60 年代末期，各国政府开始放松对服务贸易的约束，从而使全球范围内的服务贸易得到迅猛发展。根据联合国贸易和发展会议的统计[1]，1970 年

---

　① 见联合国贸易和发展会议统计数据库，https://unctadstat.unctad.org/wds/ TableViewer/tableView.aspx。

世界服务贸易的出口额仅为 710 亿美元，约占整个世界贸易总额的 20%。

2. 第二阶段：服务贸易快速增长阶段（20 世纪 70 年代到 90 年代初）

这一阶段世界经济经历了一个调整期，随着布雷顿森林体系的解体，经济"滞涨"现象开始显现，主要的资本主义国家纷纷进入了经济滞涨期。尽管如此，国际贸易仍保持较高的增速，特别是 1972 年 10 月，经济合作与发展组织（OECD）首次正式提出"服务贸易"的概念；同时期，美国贸易法第 301 条也提出了"世界服务贸易"的概念。自此，服务贸易从货物贸易领域中独立出来并快速发展。

自 20 世纪 70 年代起，由于外国直接投资的兴起，全球服务贸易在一些先进国家已经超越了跨境的服务交易。这种变化和调整不仅影响了主要资本主义国家的发展路径，也对全球经济格局产生了深远的影响，标志着世界经济进入了一个新的发展阶段。特别是服务贸易中很有代表性的跨国旅游、交通运输服务业、技术贸易等服务部门发展特别快。根据联合国贸易和发展会议的统计，1980 年世界服务贸易的进出口额为 8434.3 亿美元。举例来说，在跨国旅游领域，1980 年全球旅游服务业总收入达到 2117.4 亿美元，其中发达国家和地区如美国、欧洲等的总收入达到 1547.4 亿美元；国际旅游行业的快速增长推动了国际运输服务业的快速兴起，同年国际运输服务业总收入达到 2175 亿美元；同时，一些世界级服务业市场中心也开始出现，如纽约、伦敦、东京、香港等。

IMF 的数据表明，在 20 世纪 70 年代，全球服务的交易量每年以 18% 的速度递增，这大致等同于同时期商品贸易量的提升幅度。然而，从 20 世纪 80 年代起，服务贸易的发展速度已经超越了货物贸易的增长速度。具体来说，在 80 年代末，全球服务贸易的年度涨幅达到了 5%，而同期货物贸易年平均增长率为 3.6%，从此，服务贸易的增长速度超过了货物贸易，并一直持续到 1993 年。

3. 第三阶段：向自由化方向发展阶段（20 世纪 90 年代末至今）

进入 20 世纪 90 年代，服务贸易由规范化向自由化发展。《关税及贸易总协定》（GATT）的任务完成之后，以及乌拉圭回合的协商终止之时，GATS 得以签署，并且于 1995 年开始实施多边的协议架构。

服务贸易的发展进入了一个新的历史时期，但是服务贸易在高速发展的同时又有一些波动。1994 年，服务贸易进出口额的增长速度分别为 8.1% 和 9%；1995 年，服务贸易进出口额的增长速度分别为 13.5% 和 12.8%；但从 1996 年开始，服务贸易的平均增长速度低于 6%，直到 2000 年以后逐步恢复到 10% 以上。这反映了 GATS 的签署不仅规范了服务贸易的发展，同时还大大促进了服务贸易的发展，使服务贸易从此成为国际贸易活动的三个组成部分（货物贸易、服务贸易和技术贸易）之一。

进入 21 世纪，国际服务贸易进入了迅猛发展时期。作为三大产业之一的服务业占世界经济总量的比重超过了 70%，近 30 年来，世界服务贸易进出口总额从 17065 亿美元扩大到 96650 亿美元，30 年间增长约 5 倍，特别是进入 21 世纪以来，服务贸易在结构性调整中爆发了新的增长力，显现出新的发展态势。随着国际产业链转移的重点从制造业领域向服务业领域转移，服务贸易中的商业存在形式的进出口额已超过跨境交付形式。据统计，2010 年服务业跨国投资占全球比重已接近 2/3，通过商业化存在实现的服务贸易已经达到 55% 以上。

全球服务贸易自由化的发展趋势体现在以下方面。

第一，全球跨境服务贸易年均增速是同期货物贸易增速的 1.5 倍，其在全球贸易中的占比提升至 22%。

第二，随着数字技术的快速突破和各领域数字化转型的深入发展，数字服务贸易逐渐成为服务贸易的主力军。

第三，全球服务贸易规则不断重塑，数字贸易治理尤其是数字服务贸易治理受到了越来越多的关注。

4. 世界服务贸易的发展现状

国际服务贸易已经成为全球贸易和经济持续增长的新引擎。联合国贸易和发展会议的数据[①]显示，服务贸易占全球贸易总量的比重不断上升，已经从 20 世纪 70 年代的 7% 提升到 21 世纪初的 20% 以上，服务贸易进出口总额占 GDP 的比重也由 4% 提高到 15% 左右。2020 年，服务贸易进出口总额为 9.67 万亿美元，

---

① 见联合国贸易和发展会议统计数据库，https://unctadstat.unctad.org/wds/TableViewer/tableView.aspx。

是 1990 年的 6 倍左右。

如表 2-1 所示，2020 年国际服务贸易进出口额居前 10 位的国家或地区分别是欧盟、美国、中国、英国、印度、日本、韩国、加拿大、俄罗斯和澳大利亚。

表 2-1　2020 年国际服务贸易进出口额前 10 位的国家或地区的情况

排名	国家/地区	进口额/百万美元	占比/%	出口额/百万美元	占比/%	进出口额/百万美元	占比/%
1	欧盟	1799581.0	36.11	1934965.0	41.34	3734546.0	38.64
2	美国	460301.0	9.24	705643.0	15.08	1165944.0	12.06
3	中国	381087.7	7.65	280628.8	6.00	661716.5	6.85
4	英国	204747.5	4.11	342438.6	7.32	547186.1	5.66
5	印度	153924.7	3.09	203252.8	4.34	357177.5	3.70
6	日本	184531.2	3.70	160287.4	3.42	344818.6	3.57
7	韩国	102936.1	2.07	87274.3	1.86	190210.4	1.97
8	加拿大	91250.0	1.83	85505.0	1.83	176755.0	1.83
9	俄罗斯	64634.2	1.30	47452.7	1.01	112086.9	1.16
10	澳大利亚	38479.2	0.77	48532.4	1.04	87011.6	0.90

数据来源：联合国贸易和发展会议统计数据库，作者进行了整理。

从服务出口额来看，2020 年世界服务贸易出口额达到 46808 亿美元。欧盟是世界上最大的服务贸易出口地区，出口规模达到 19350 亿美元，占世界出口总额的 41.34%；其次是美国、英国、中国等。

2020 年，世界服务贸易进口额达到 49841 亿美元。其中，欧盟作为世界上最大的服务贸易进口地区，其数量达到了 17996 亿美元，占全球进口总额的 36.11%。美国的服务贸易进口额同

样位居前列，共计 4603 亿美元，占比高达 9.24%。我国服务贸
易进口额在全球排第三位，进口总额达 3811 亿美元，占全球
的 7.65%。

表 2-2 所示为 2011—2020 年世界服务贸易行业分类出口额
情况。

表 2-2　2011—2020 年世界服务贸易行业分类出口额情况

（单位：亿美元）

分类	年份									
	2011	2012	2013	2014	2015	2016	2017	2018	2019	2020
交通运输	8951	9118	9447	9911	8953	8616	9461	10384	10450	8490
旅游	10845	11180	12075	12628	12136	12292	13245	14309	14479	5325
货贸相关	1461	1477	1585	1699	1665	1749	1920	2207	2275	1982
其他	23581	24348	25981	28287	27323	28073	30624	33902	34879	34037
总计	44838	46123	49088	52525	50077	50730	55250	60802	62083	49834

数据来源：联合国贸易和发展会议统计数据库，作者进行了整理。

交通运输：2011 年出口额为 8951 亿美元，2019 年达到
10450 亿美元，2020 年下降到 8490 亿美元。

旅游：旅游服务贸易出口规模占比较大，2011 年出口额为
10845 亿美元，2019 年其规模达到 14479 亿美元，2020 年下降
到 5325 亿美元。

货贸相关服务贸易：出口规模从 2011 年的 1461 亿美元，扩
大到 2020 年的 1982 亿美元。

其他服务贸易：出口规模从 2011 年的 23581 亿美元，扩大
到 2020 年的 34037 亿美元。

表 2-3 所示为 2011—2020 年世界服务贸易行业分类进口额情况。

表 2-3　2011—2020 年世界服务贸易行业分类进口额情况

（单位：亿美元）

分类	年份									
	2011	2012	2013	2014	2015	2016	2017	2018	2019	2020
交通运输	11269	11629	11801	11821	10696	10204	11168	12418	12312	9971
旅游	9677	10172	10952	12456	11839	12123	12974	13951	13917	5566
货贸相关	936	1075	1235	1261	1242	1277	1426	1572	1610	1473
其他	21688	22153	23537	25894	25138	25640	27660	29967	31490	30568
总计	43570	45029	47525	51432	48915	49244	53228	57908	59329	47578

数据来源：联合国贸易和发展会议统计数据库，作者进行了整理。

交通运输：2011 年进口额为 11269 亿美元，2019 年达到 12312 亿美元，2020 年下降到 9971 亿美元。

旅游：旅游服务进口规模占比较大，2011 年进口额为 9677 亿美元，2019 年其规模达到 13917 亿美元，2020 年下降到 5566 亿美元。

货贸相关服务贸易：进口规模从 2011 年的 936 亿美元，扩大到 2020 年的 1473 亿美元。

其他服务贸易：进口规模从 2011 年的 21688 亿美元，扩大到 2020 年的 30568 亿美元。

总的来说，21 世纪以来，世界服务贸易量迅速扩张，然而它仅占全球进出口贸易的一小部分，特别是自 2020 年以来，其增速有所减缓。尽管如此，我们仍对未来的服务贸易前景充满信心。根据 WTO 的研究估计，到 2040 年，全球服务贸易在整个贸易中所占比重有望超过 50%。

2.1.3　我国服务贸易的发展和现状

与全球服务贸易的发展历程相比，我国服务贸易的兴起和发展较晚，但我国加入 WTO 以后发展迅速，特别是在 2018 年，我国服务贸易的进出口总额已接近 8000 亿美元，居全球第 3 位，这对我国服务贸易的发展来说是一个重大的进步。

2018 年，我国服务贸易进出口额达到 7918 亿美元，2019 年的数据是 7850 亿美元，基本保持稳定。这两年内，我国服务业的交易量创造了新的纪录，并已连续 5 年成为世界第二大的服务业市场。服务贸易在我国整体外贸中所占的比例也在逐渐增加。

观察我国对外服务贸易行业分类的进口和出口情况，如表 2-4 和表 2-5 所示，我们发现，除其他分类外，旅游占服务贸易的比重最大。以 2018 年为例，旅游相关的服务贸易约占全部服务贸易的 40%，交通运输服务贸易占 19%，货贸相关的服务贸易仅占 3.5%。

表2-4 2011—2020年我国服务贸易行业分类出口额情况

(单位：亿美元)

分类	年份									
	2011	2012	2013	2014	2015	2016	2017	2018	2019	2020
交通运输	355	389	376	382	385	337	371	423	460	576
旅游	484	500	516	440	580	444	387	394	345	170
货贸相关	265	257	232	214	240	236	239	246	297	250
其他	906	869	946	1155	1094	1063	1283	1605	1734	1810
总计	2010	2015	2070	2191	2299	2080	2280	2668	2836	2806

数据来源：联合国贸易和发展会议统计数据库，作者进行了整理。

表2-5 2011—2020年我国服务贸易行业分类进口额情况

(单位：亿美元)

分类	年份									
	2011	2012	2013	2014	2015	2016	2017	2018	2019	2020
交通运输	804	858	943	961	873	808	929	1082	1048	946
旅游	725	1019	1285	2273	2494	2620	2547	2768	2511	1312
货贸相关	2	1	1	1	15	22	24	28	40	38
其他	947	935	1077	1093	981	1085	1175	1372	1415	1514
总计	2478	2813	3306	4328	4363	4535	4675	5250	5014	3810

数据来源：联合国贸易和发展会议统计数据库，作者进行了整理。

就服务型商品的输出而言，2018年，我国服务贸易的出口额达到了2668亿美元。其中，其他服务贸易占据了最大份额，高达1605亿美元（包含咨询、保险与金融服务等），这部分业务贡献了超过60%的出口额。交通运输服务的出口额为423亿美元，占比15.9%。旅游相关的服务贸易出口额为394亿美元，占比 14.8%。货贸相关的出口额为 246 亿美元, 占比不足 10%。

从服务贸易的进口方面来看, 2018 年, 我国服务贸易进口总额为 5250 亿美元。进口规模最大的行业是国际旅游行业, 达到了 2768 亿美元, 占全部进口总额的 52.7%。第二大服务贸易进口行业是其他服务贸易, 其金额为 1372 亿美元, 占比为 26.1%。交通运输服务行业的进口额达到了 1082 亿美元, 占比为 20.6%。货贸相关行业的进口额比较小, 仅为 28 亿美元。

就贸易顺差(逆差)情况而言, 1982 年至 2008 年, 我国国际服务贸易主要表现为顺差。但从 2009 年开始逆差逐步扩大, 从 2009 年的 153 亿美元, 增长到 2019 年的 2178 亿美元, 近 10 年间金额扩大了约 13 倍。服务贸易逆差主要来自国际旅游行业, 达到 2166 亿美元; 其次是交通运输行业, 约 600 亿美元。

据商务部统计,[①] 2021 年上半年我国服务贸易进出口总额为 23774.4 亿元, 同比增长 6.7%。其中服务贸易出口额为 11284.9 亿元, 增长率为 23.6%; 服务贸易进口额为 12489.5 亿元, 同比下降了 5%。从进出口服务贸易比较来看, 出口增幅明显要大于进口增幅, 带动服务贸易逆差下降 70% 至 1204.6 亿元, 同比减少 2812.5 亿元。与 2019 年同期相比, 服务贸易进出口额下降 9%, 两年平均下降 4.6%, 其中出口额增长 20.9%, 两年平均增长 10%; 进口额下降 25.6%, 两年平均下降 13.8%。

2021 年上半年, 我国的服务贸易保持了良好的增长势头, 主要呈现以下特点。

---

① 见中国服务贸易指南网, http://tradeinservices. mofcom. gov. cn/article/tongji/ guonei/buweitj/swbtj/202101/112495. html。

（1）我国服务贸易进出口显著增长。

我国在 2021 年 6 月的服务贸易表现强劲，进出口总额达到了 4392 亿元，同比上升了 22.5%，并实现了 17.6% 的环比提升。具体来看，该月的出口金额达到 2165.5 亿元，涨幅达 41.1%，且环比上涨了 30.8%，尤其是在交通运输服务的出口方面，增速超过了 91.3%。另外，当月的进口规模也呈现出稳步上扬之势，达到了 2226.5 亿元，同比增长 8.6%，环比则增加了 7.1%。值得一提的是，建筑服务领域的扩张最为显著，增速达到了 62.1%。

（2）知识密集型服务贸易占比提高。

2021 年 1—6 月，我国知识密集型服务贸易进出口额约为 1.1 万亿元，同比增长约 14%，约占服务贸易进出口总额的 47%，提升近 3 个百分点。其中，知识密集型服务贸易出口额约为 6000 亿元，同比增长 17.7%，出口增长较快的领域是个人文化和娱乐服务、电信计算机和信息服务、知识产权使用费。知识密集型服务贸易进口额约为 5000 亿元，同比增长 8.8%，进口增长较快的领域是金融服务和知识产权使用费。

（3）旅游服务贸易进出口继续下降。

2021 年，我国旅游服务贸易逆差为 1146.8 亿美元，比 2019 年下降了 55.8%，成为拉动服务贸易逆差下降的最主要因素。2021 年，我国旅游服务贸易进出口额约为 7900 亿元，下降 22.5%，其中，出口额下降 35.7%，进口额下降 20.9%。如剔除旅游服务贸易的数据，2021 年，我国服务贸易进出口额增长 27.2%，其中，出口额增长 35.6%，进口额增长 18.3%；与

2019 年同期相比，服务贸易进出口额增长 30.9%，其中，出口额增长 43.8%，进口额增长 18.1%。

　　概括而言，当前，包括研究开发、金融服务、物流管理、市场推广及品牌建设等领域在内的服务行业在全球产业链中所占的地位越来越重要，这极大地促进了服务贸易的繁荣并使其在全球贸易中的占比逐渐增加。特别是在数字技术的推动下，供应方和服务方的数字化变革都得到了显著提升，从而大大增强了服务的可交换能力。从长远来看，服务型的跨境交易有望逐步演变成我国培养新的国际协作与竞争力的新动力源泉。

2.2　GATT/WTO 有关服务贸易的规则

2.2.1　GATT 有关服务贸易的内容

　　GATT 提出了一些基本原则，这些原则也运用到了 GATS 和《与贸易有关的知识产权协定》（TRIPS）中。特别是美国作为服务贸易谈判的积极倡导者，一直以来主张服务贸易自由化，其服务贸易在全球贸易中处于优势地位，推动开放服务贸易，有利于美国进入国际服务贸易市场。

　　在东京回合谈判期间，美国政府就对服务业和服务贸易方面特别关注，专门成立了相关服务贸易咨询委员会，并且在不同场合多次表态要将 GATT 原则用在服务贸易领域。

1. GATT 乌拉圭回合

1986 年 9 月 15 日，在乌拉圭的埃斯特角城召开了 GATT 缔约方部长级会议，正式启动了乌拉圭回合谈判。会议通过了《埃斯特角城部长宣言》，同时将服务贸易作为 3 项新议题之一列入乌拉圭回合多边贸易谈判议程。

在乌拉圭回合还达成了 TRIPS 和 GATS 由框架协议条款、部门协议和附录、各成员市场准入承诺单 3 个部分组成。其内容涉及 150 多种服务框架条款，规定了适用于所有成员的基本义务；各成员市场准入承诺内容规定了各成员具体承担的义务及履行的时间表；并在附录中阐述了各个服务部门的特点等情况。该协定允许各成员根据本国情况逐步地开放服务部门，允许发展中国家成员有更大的灵活性。

在乌拉圭回合谈判中，美国提出了服务贸易全面自由化的具体意见。其核心观点在于：确认 GATT 的根本准则可以应用于服务业领域，采取单一轨道策略，即把商品和服务一起讨论。扩大了服务行业交易项目和范畴，同时也推动了服务行业的自由化进程，提倡发达国家成员在商品市场谈判上做出一定的妥协，以此来交换发展中国家成员在服务市场谈判上的退让。最终依据世界贸易组织的相关规定及协议，逐渐促进服务产业的自由化。

当时，发展中国家成员的服务行业与服务贸易表现出明显的滞后现象，并且它们采取了贸易保护主义来应对全球的服务贸易市场。在协商过程中，部分发展中国家成员公开表明对把服务贸易融入 GATT 体系持反对意见。然而，由于它们在商品贸易上需要获得发达国家成员的支持，因此不得不做出一定的退步和调整，以"双轨制"的方式，使服务贸易和商品贸易成为平行的讨论主题。

GATT 乌拉圭回合关于服务贸易的内容有以下方面。

（1）服务贸易的定义和涵盖范围以及相关的国际法规和协议。

美国等国家倡导更广泛的解释，而发展中国家成员则倾向于较为狭窄的理解，欧洲共同体（以下简称"欧共体"）提出了一个折中的观点。最后，多边谈判基本上采纳了欧共体的意见。

（2）关于 GATT 的有关基本原则在服务贸易中的适用问题。

例如，透明度、逐步自由化、最惠国待遇、国民待遇、市场准入、发展中国家成员更多参与、例外和保障条款以及国内规章在服务部门的运用等。针对这些议题，各个国家和地区都提出了各自的解决方案，中国等 7 个亚非国家提交了《服务贸易多边框架原则与规则》的提案，被后来的 GATS 采纳，这也反映了发展中国家的期望和要求。

（3）关于开放和不开放的服务部门的列表方式问题。

发达国家提倡采用"否定列表"的方法，也就是需要各方提供无法对外开放的服务项目名单，一旦确定后就不得更改，并且应该逐渐削减这些项目；而发展中国家成员倾向于使用

"肯定列表"的方式,也就是说,每个国家和地区都需提交可以向外敞开大门的服务领域,然后可以在任何时候增设新的开放服务类别。最终采纳了发展中国家成员的主张。

上述三个方面的问题,表现出发达国家成员和发展中国家成员之间利益上的矛盾和冲突,经过谈判,终于取得了一定成果。基于此,历经深度协商后,各参与者最终于 1994 年 4 月 15日在马拉喀什完成了 GATS 的签署仪式。这项协定被视为乌拉圭回合整体计划的一部分,并成为世界贸易组织管理规则中的一项重要内容,于 1995 年 1 月 1 日正式生效。

2. GATT 有关区域贸易协定的内容

成立于 1947 年的 GATT,是由包含中国在内的 23 个创始成员签署的,并在同年 10 月 30 日正式生效。其后,各国又陆续加入,使得这一协定得以持续发展和完善。各成员承诺在今后的国际贸易中遵循 GATT 的规定。GATT 第 24 条是其关于区域贸易协定基础和核心的规定,该条规定各成员建立关税联盟或者自由贸易地区以成为最惠国待遇的特例,从而推动区域经济一体化的实现。因此,这也是在 GATT/WTO 中最常被引用且具有最大影响力的一项特殊规定。以下对 GATT 第 24 条及其有关区域贸易协定进行了详细的说明。

(1)有关设立关税同盟和自由贸易区时所签协定必须满足的后果条件。

GATT 允许的经济一体化形式包括关税同盟和自由贸易区,其成立必须有利于促进贸易自由化,不得阻止缔约各方在其领

土之间建立关税联盟或自由贸易区，或为建立关税联盟或自由
贸易区的需要采用某种临时协定，且不得对非缔约方造成损害。

GATT 第 24 条第 5 款允许缔约各方在其领土之间建立关税
联盟或自由贸易区，或者为建立这样的联盟或贸易区而采用某
种临时协定。但是，这一条款同时也规定了这些联盟或贸易区
的建立不应导致对第三方成员贸易的壁垒或对 GATT 的宗旨造成
损害。

此外，这一条款也要求缔约方在决定加入关税联盟或自由
贸易区，或签订成立关税联盟或自由贸易区的临时协定时，应
当及时通知缔约方全体，并提供有关所拟议的联盟或贸易区的
资料，以便缔约方全体得以斟酌向缔约各方提出报告和建议。
这些例外原则确保了关税同盟和自由贸易区在促进内部贸易自
由化的同时，不会损害与第三方成员之间的贸易关系，并防止
了贸易保护主义的发生。

上述内容也成为区域贸易协定合法性的判别标准。目标在
于认可地区经济协定法律地位的同时，设立一组约束规则来保
障 GATT 的相关条文及保卫第三方成员的商业权益，旨在维持协
定内关于"促进各个联合体或自由贸易区成员间的交易，但是
对于其他签约方同这些地域间发生的交易，不能增加障碍"的
规定。

（2）有关关税同盟和自由贸易区的定义及其存在的目的，
以及贸易范围要件。

GATT 第 24 条第 8 款阐述了关税联盟和自由贸易区的定义。
关税联盟，通常指的是两个或两个以上的国家或地区之间，通

过签订协议，取消相互之间的关税和贸易壁垒，并对非成员方实行统一的关税政策。这种安排旨在促进成员方之间的贸易自由化，并通过统一对外的关税政策来增强它们在国际贸易中的竞争力。

自由贸易区则指的是一种区域经济合作形式，其中两个或两个以上的国家（或地区）通过签订协议，取消彼此之间的关税和贸易壁垒，使得商品、服务、资本和劳动力等要素可以在区域内自由流动。自由贸易区的目标是促进成员方之间的贸易和投资，提高经济效率，并推动区域经济的整体发展。

《关于解释 1994 年关税与贸易总协定第 24 条的谅解》中规定，重申类似协议的目的应当是促进组成领土之间的贸易，并不是在这些领土上对其他成员方的贸易增加壁垒；在组成或扩大其区域时，类似协议的成员方应在最大可能程度上避免对其他成员方的贸易造成不利影响。

（3）因区域贸易安排对全球经济一体化的消极影响的补偿要件。

GATT 第 24 条第 6 款详细阐述了区域贸易协定对全球经济一体化产生的负面效应，并特别规定了补偿条款。

> 在实施本条第 5 款（甲）项要求的时候，一缔约国所拟增加的税率如与本协定第 2 条不符，则本协定第 28 条的程序，应予适用。在提供补偿性调整时，应适当考虑联盟的其他成员在减低相应的关税方面已提供的补偿。

《关于解释 1994 年关税与贸易总协定第 24 条的谅解》中规定，如果某国打算建立关税联盟并提升其限制性的税收水平，它需要遵循第 24 条第 6 条款规定的流程。对于此点，各国再次确认了 GATT 第 28 条的规定，这是根据 1980 年 11 月 10 日的 BISD27S/26-28 规则详尽描述的，并且也是《关于解释 1994 年关税与贸易总协定第 28 条的谅解》的一部分。这个规定要求在任何情况下，在成立关税联盟或者签署了一项可能导致关税联盟形成的暂时协定之前，都需启动这一流程。

为了实现令双方都满意的赔偿调整，双方必须真诚参与协商。正如 GATT 第 24 条第 6 款的要求，在此类协商过程中，需要考虑到组成关税联盟的其他成员方对同一个征税产品的税收减免情况。假如这种减少税收不足以产生足够的补偿调整，那么关税联盟将会采取补救措施，也就是通过降低其他相关征税商品的税收来实施。在修订和取消限制的过程中，有权利参加讨论的国家应该考虑到这些补偿因素。如果这个补偿调整仍然无法被接受，那么协商过程还应当持续下去。根据《关于解释 1994 年关税与贸易总协定第 28 条的谅解》修改后的第 28 条规定，从一开始并于合理的期限内未能就赔偿调整达成共识时，关税联盟可以自由地更改或者废止其削减政策；而受到影响的国家也可以自由地放弃那些本质相似的削减政策。

该条规定充分展示了 GATT 所坚持的非歧视、公平和公正原则，确保了在实现真正贸易自由的过程中，受到损害的缔约方可以得到适当的赔偿。

基于 GATT/WTO 的多边贸易体制，采用补偿作为一种救济方式是基于对等互惠的理念，多边贸易体制的一系列规则和所有成员的关税减让表所共同创造的法律义务，都是建立在共识的基础上的。

（4）有关关税同盟或自由贸易区建成之前过渡时期的程序要件。

GATT 第 24 条第 7 款是关于关税同盟或自由贸易区建成之前过渡时期的程序方面的规定，以加强对区域贸易安排的审查。

GATT 第 24 条第 7 款主要关注关税同盟或自由贸易区的建立、运作和扩大。它要求关税同盟或自由贸易区的成员方在建立、运作和扩大这些区域组织时，需要符合特定的条件，并且必须及时通知 WTO。具体地，第 7 款对关税同盟或自由贸易区的成员方提出以下要求。

1）应将其建立关税同盟或自由贸易区的计划、运作和任何重大修改及时通知 WTO，以便其他成员方能够了解并评估这些变化对其贸易利益的影响。

2）在通知中，应提供有关关税同盟或自由贸易区的详细信息和数据，包括成员方名单、关税减让和取消的情况、非关税壁垒的取消情况等。

3）在必要时，WTO 可以要求关税同盟或自由贸易区提供进一步的信息或解释，以确保其符合 WTO 的规则和原则。

此外，第 7 款还强调了 WTO 对关税同盟或自由贸易区的审议和监督职责。WTO 的成员方可以通过相关机制对这些区域组织的建立、运作和扩大进行评估和监督，以确保其不会对国际贸易秩序造成不利影响。

在《关于解释 1994 年关税与贸易总协定第 24 条的谅解》中，关于关税同盟和自由贸易区的审查内容，主要涵盖了以下几个方面。

第一，关税同盟或自由贸易区的成员方需要通知 WTO，并提供必要的资料和信息，以便 WTO 及其成员方能够对其建立、运作和扩大进行审议和监督。这些资料和信息可能包括成员方名单、关税减让和取消的情况、非关税壁垒的取消情况等。

第二，WTO 的成员方可以对关税同盟或自由贸易区的建立、运作和扩大进行评估和监督，以确保其符合 WTO 的规则和原则。这一过程中，WTO 可能会要求关税同盟或自由贸易区提供进一步的信息或解释，以便更好地了解其运作情况和影响。

第三，审查的内容还包括关税同盟或自由贸易区是否对非成员方构成歧视。WTO 会关注关税同盟或自由贸易区的对外关税和其他贸易限制措施，确保其不会对非成员方构成不公平的贸易壁垒。

总之，对关税同盟或自由贸易区的审查是 WTO 保障国际贸易秩序和公平性的重要措施之一。通过审议和监督，WTO 可以确保这些区域组织符合其规则和原则，并防止其对非成员方构成不公平的贸易壁垒。

以上内容主要阐述了各国应依据自身情况适时调整经济发展策略，有序推进关税及非关税壁垒的削减工作，并在建立关税联盟或者自由贸易区的前期设立一定的缓冲阶段。此举旨在相关协定正式实施前的一定时间内提供预警，以便让地区贸易委员会有充足的时间来审阅这些协定并对其做出合适的反馈与建议。

2.2.2 WTO 有关服务贸易的内容

1993 年 12 月，乌拉圭回合多边贸易谈判最终通过了包括 GATS 在内的最后的文件草案。1994 年 4 月，《乌拉圭回合多边贸易谈判结果最后文件》（简称《最后文件》）在摩洛哥的马拉喀什签署，最终达成了《建立世界贸易组织协定》（简称《WTO 协定》）。WTO 于 1995 年 1 月 1 日成立。同时，GATS 也是这一回合谈判中最重要的一项谈判成果，至此 GATS 和 WTO 之间开始密切联系起来，主要体现为《关于接受与加入〈建立世界贸易组织协定〉的决定》中的相关内容。

注意到《WTO 协定》第 11 条和第 14 条规定，只有在《WTO 协定》生效时，减让和承诺表已附于 GATT 1994 之后且具体承诺表已附于 GATS 之后的 GATT 1947 缔约方，方可接受《WTO 协定》。

进一步认识到一些未参加乌拉圭回合的国家或单独关税区可在《WTO 协定》生效之前成为 GATT 1947 缔约方，应给予这些国家或关税区谈判 GATT 1994 和 GATS 减让表的机会，以使它们能够接受《WTO 协定》。

1982 年，美国在蒙特利尔关税及贸易总协定部长级会议上提出了在 GATT 中确定一项关于服务贸易的工作计划，最后达成了妥协性协议，允许兴趣方就国际服务贸易问题进行研究。随后，美国持续推动并提供援助，在 1984 年召开的第四十届关税及贸易总协定年度会议决议中设立了专为服务贸易谈判的工作组。同时，埃斯特角城部长级别会议准备委员会也开始考虑服务贸易的问题。1986 年 9 月，乌拉圭回合部长级的特殊缔约方大会在乌拉圭的埃斯特角城召开，并在《埃斯特角城部长宣言》中明确表示把国际服务贸易列为下一轮的多边谈判议题之一。

在乌拉圭回合谈判期间，有关服务贸易的发展历程大致分为 3 个阶段。

（1）第一阶段：乌拉圭回合多边贸易谈判启动（1986 年 10 月—1988 年 12 月）。

1986 年，在蒙特利尔会议上，发达国家成员方与发展中国家成员方最终达成妥协，通过了消除谈判障碍的一系列准则。在此期间，服务贸易专门谈判小组各成员的意见分歧很大，主要集中在对服务贸易定义的界定问题上。发展中国家成员要求对国际服务贸易采用"较窄"的定义，并将跨国公司内部交易相关的服务等非跨境的服务业务交易排除在外；而以美国为代表的发达国家成员主张采用"较宽"的定义，将所有涉及境外的服务业务交易都纳入国际服务贸易范围。产生分歧的根源在于，发展中国家成员因其服务业发展较晚且相对落后，服务贸易领域市场的过度开放会导致本国（地区）较弱的服务贸易领域在将来的国际市场竞争中像国际货物贸易领域一样的落后局面。而发达国家成员因其在服务贸易领域的优势地位，积极推动各成员尽可能多地开放服务贸易领域市场，有利于其在服务贸易领域像在货物贸易领域一样保持优势。因而发展中国家成员坚持对国际服务贸易范围的界定越窄越好，而发达国家成员却恰恰相反。最终多边谈判结果采取了欧共体代表的折中内容，即不预先设定服务贸易定义的范围，根据需要灵活采取不同的定义。

这个阶段的商讨焦点主要涵盖以下几个方面：对服务贸易的界定与统计方式；适用于服务交换的基本准则及规定；关于服务交换协约的多方架构范畴；构建服务交换法规的关键理念及其当前全球通行的规范和已存在的多国协约；探讨了阻碍服务交换发展的问题，并对可能影响到服务交换的行为做了深入研究。在此基础上提出了1988年12月召开的蒙特利尔商业协商会议中期审查大会的汇报材料。

（2）第二阶段：乌拉圭回合多边贸易谈判中期审议（1989年1月—1990年6月）。

在1989年于蒙特利尔举行的乌拉圭回合多边贸易谈判的中期审查会议上，讨论的核心问题是透明度，分阶段逐步自由化、国民待遇、最惠国待遇、市场准入，以及相关发展中国家成员进一步参与服务贸易、保障条款和例外等的基本原则。此后，重点工作转向了通信、建设工程、交通物流、旅游业、金融领域以及专业技术服务的各个细分领域的协商。

在中期的审查过程中，各成员方代表团达成了一致意见，决定创建一套通用的服务贸易规则，以解决服务贸易谈判过程中的各种难题。无论是发达国家成员还是发展中国家成员，它们都在服务贸易谈判中提出了自己的主张和看法。最具代表性的两个方案分别是"美国、欧盟与拉丁美洲 11 个国家"提出的建议以及"亚洲及非洲 7 个国家"所提交的提案。

1990 年 5 月，中国、埃及、肯尼亚等 7 个来自亚洲和非洲的国家作为发起者，联合提出了"服务贸易的多边框架原则和规则"这一议题。该议题涉及国民待遇、给予最惠国待遇、透明度、市场准入条件以及如何使发展中国家成员能够更深入地参与等问题。最终，GATS 采用了这些国家的建议，并对各国的发展程度予以认可，同时考虑到发展中国家之间的差距，并且为了满足其需求和权益，还提供了许多保护、妥协和特例。正是因为发达国家成员和发展中国家成员在世界服务贸易领域中所处的地位有很大的不同，在亚非 7 国《服务贸易多边框架原则与规则》提案中指出，应该采取必要措施使发展中国家成员增强其服务贸易领域的能力，以便更好地开放和进入国际市场。

亚非 7 国的《服务贸易多边框架原则与规则》提案能够使发展中国家成员选择那些对自己和各成员方都有利的领域和部门就市场准入问题达成承诺。

最终 GATS 采用了"肯定清单"的方式，这既是发展中国家成员的利益意见的体现，也是各成员方为达成统一意见而采取的更具有现实可操作性的方案。事实上，这些提案都体现了在多边义务框架下，制定更灵活的具体部门的贸易自由化措施。多边义务框架由一些共同遵守的原则和承诺组成，作为 GATS 总体方针和日后进一步谈判的标准，为服务贸易各部门的具体承诺保证了服务贸易自由化的具体实施运行。各提案都主张通过多边协商来逐步实现国际服务贸易自由化。

（3）第三阶段：乌拉圭回合多边贸易谈判达成（1990年7月—1993年12月）。

1990年12月在布鲁塞尔举行的部长级会议上初步达成了GATS的框架内容，这一阶段服务贸易谈判组修订了服务贸易总协定多边框架协议草案文本，包括运输（海运、内陆水运、公路运输、空运）以及通信播放（基础电信、通信、视听、广播、录音、出版）版权等部门的草案，然而由于美国与欧盟在农产品补贴问题上存在重大分歧，最终导致谈判无法完成。

到1991年4月，商务谈判团队主要集中在服务贸易框架协定、详细条款及各部门补充说明这三大主题上开展协商活动。首轮框架协定的商讨焦点是优惠政策的问题，尤其是与之相关的特殊优惠政策的部分。1991年6月，谈判小组已就第二部分具体承诺达成了《有关具体承诺磋商的流程规则》，并且规定所有成员都需自1991年7月起提供初始的具体承诺削减信息，并在同年9月之前公布"报价"的内容。然而直至1991年11月，大部分成员仍未递交具体的承诺削减资料。其间谈判小组仅在海运、电信、金融、自然流动等部门取得了一定进展。经过进一步谈判，最终在1991年12月底形成了GATS草案。当贸易谈判委员会会议召开时，GATT总干事邓克尔总结了过去5年的谈判成果，并递交了《乌拉圭回合多边贸易谈判结果最后文件草案》。这份草案包含6个部分、35个条款和5个附录，涉及最惠国待遇、市场准入、国民待遇、透明度、发展中国家成员的更多参与和争端解决等重要内容，基本完成了协定的框架构建。

历经长约一年的持续协商与讨论之后，基于各个参与方的需求并对其进行了修订完善后的版本被采纳作为新的议题基准——这发生在 1992 年年初。此举使得乌拉圭回合的服务业自由化进程加速推进；与此同时，各国也在积极地提供具体的削减关税的时间表及计划安排。为了更快速、有效地解决问题，如优惠国的例外情况及其他细节问题，视觉媒体、通信技术和服务行业中的特定减免幅度等问题都得到了优先考虑，并在短时间内得到妥善处置。直至 1993 年年底，乌拉圭回合多边贸易谈判终于达成了一份完整的文本，即著名的全球性的关于国际商业交易规则的新版条令——GATS，或称之为世界贸易组织下的新一代的世界范围通用的商务合同法则。

（4）第四阶段：GATS 签署（1994 年 1 月—1995 年 1 月）。

1994 年 4 月中旬，各国代表齐聚摩洛哥马拉喀什市，并最终签署了《乌拉圭回合多边贸易谈判结果最后文件》。该成果被称为 GATS 的多轮磋商中最具影响力的成果之一，从此以后，全球的服务贸易开始受到世界经济一体化的管理以及调控体系的影响与制约。

该文件的文本在总体结构上，并未对协定草案框架进行任何重大的改变，仅是在一些细节规定上有微调。GATS 最终版本包含 6 个部分，涉及 29 个条款，并于 1995 年 1 月 1 日开始实施。GATS 已经成为全球贸易体系中指导国际服务贸易的主要法规，其诞生标志着服务贸易进入自由化的关键阶段。

2.2.3　GATS 的主要内容

GATS 由 3 个大的方面组成：一是适用于所有成员的基本义务的协定，即《服务贸易总协定》条款；二是本协定的附件作为本协定的组成部分，即涉及各相关条款的豁免的附件；三是根据本协定的规定应附在协定之中的并作为其重要组成部分的具体承诺。

GATS 的前 28 个条款规定了与服务贸易自由化的原则和规则相关的框架协议，构成了 GATS 内容的主体部分；第 29 条是附件，共包括 8 个相关内容。

1. 序言部分

该部分的主题在于阐明创建 GATS 的目标与理念：通过逐步放宽对服务的限制来推动各国的繁荣进步；提升全球的服务交易量能带来更高的效率和服务质量；特别是针对那些最不发达国家提供特别的关照措施。同时，序言中也确认了各成员之间经济情况的差异性，强调对发展中国家成员的利益应同样给予必要的重视，这是广大发展中国家成员在谈判中积极争取来的，也是当时 GATS 存在的重要意义之一。简而言之，GATS 的序言部分详细阐述了该协定的宗旨、目标和总体原则。

（1）全球经济的进步使得国际服务贸易在交易中比重的增加变得越来越重要，各成员参加谈判者均期望在一个公开且逐渐放宽限制的环境下，构建一套关于服务贸易的基本原则及规范的多边协定，以此推动各成员的商业活动并助力其国内经济和社会的发展。

（2）在对所有成员的政策目标给予充分尊重的同时，基于互惠互利的原则，致力于提升各成员的利益并保障它们的权利和义务，通过进行多轮的多边谈判来推动服务贸易自由化尽早实现。

（3）希望通过促进各成员境内服务贸易的效率和竞争性来促进发展中国家成员在国际服务贸易中的更多参与度和服务贸易额的增长。

（4）对经济最不发达的成员在经济贸易和财政需求方面有特殊的困难，予以充分的理解和考虑。

序言主要关注了发展中国家成员如何积极投入国际服务贸易的发展进程中，并特别提及它们可能遇到的一些特定问题。希望能在未来的服务贸易领域开放谈判的过程中，充分发挥 GATS 的基础理念与目标，从而实现一种更符合自己利益的谈判结果。然而，这只是一个象征性的行动，而不是实际推动各成员尤其是发展中国家成员的服务质量提升和经济发展的措施。

2. 主体部分

GATS 的主体内容一共分为 6 个部分，含有 28 个条款，其内容主要是就多边贸易体制下的各成员方在服务贸易领域中应遵循的基本原则做出的一系列规定。

第一部分（第 1 条）：范围和定义，明确了 GATS 的目标、宗旨及总体原则。

第二部分（第 2~15 条）：一般义务和纪律，规定了各成员的一般义务与原则，它也是 GATS 的核心内容之一，各缔约方一旦签署协定，必须普遍遵守这些条款的要求。具体条款包括最惠国待遇、透明度、发展中国家成员的更多参与、经济一体化、国内法规、承认、垄断和专营服务提供者、商业惯例、紧急保障措施、支付和转移、保障收支平衡的限制、政府采购、一般例外、补贴等内容。

第三部分（第 16~18 条）：具体承诺，规定了各成员服务部门开放的特定义务，具体包括市场准入、国民待遇和附加承诺。其中，前两项是 GATS 中最重要的条款，也是谈判中各成员争论的焦点。

第四部分（第 19~21 条）：具体承诺的谈判，详细描述了各成员间特别是发展中国家成员间的服务贸易逐渐放宽的原则与权益；它由 3 个部分构成，即具体承诺的谈判、具体承诺表和承诺表的修改。该部分主要阐述了关于深化服务业开放性的协商准则、适用的领域、实质上的优惠措施及其修订的具体要求。这其实是对第三部分 3 项规定的扩展。其所说的"承诺"，主要是指市场准入和国民待遇，其目的是为具体部门的谈判规定原则、程序、范围、目标和一些特殊例外，促进第三部分具体承诺的落实。

第五部分（第 22~26 条）：机构条款，主要涵盖了 GATS 争端解决方式和组织结构的详细内容，包括磋商、争端解决和实施、服务贸易理事会、技术合作以及与其他国际组织的关系等相关规定。WTO 是迄今合法具有争端解决机制的国际性组织，这一机制在促进国际经济贸易一体化方面发挥了巨大的作用。其中，"争端解决和实施"条款对维护各成员的合法利益至关重要。在对发展中国家成员没有如实履行重大利益的减让时，其可诉诸争端解决机构，与相关方进行磋商，也可根据第 21 条"承诺表的修改"的规定，通过调整义务来维护自身的利益。另外，本部分的"技术合作"条款要求发达国家成员和其他工业化成员应尽量为其他成员的服务提供者，特别是来自发展中国家成员的服务提供者，提供技术援助服务。此规定为发展中国家成员在谈判中要求技术转让方面的更多优惠提供了依据。

第六部分（第 27～28 条）：最后条款，明确了对利益的否定以及本协定的终止。

（1）范围和定义。

根据 GATS 第 1 条的内容，该协定适用范围包括"所有对服务业产生影响的政策和法规"，即加入 WTO 的各成员所采取的影响服务贸易的各种措施，这是服务贸易规则与货物贸易规则最主要的不同之处。简言之，货物流通的主要推动力是减少进口与出口税收、提高贸易便捷度等手段，其可推进货物流通更深层次的发展；然而，对于服务的流通而言，最大的阻碍并非来自关税，而是各种形式的限制政策或者法律规定。因此，GATS 的核心任务在于调整各成员关于服务贸易的制约因素，以一种一致的标准去引导它们设定和服务这些"影响到服务贸易的行为"，最终达到服务贸易自由化的目标。

根据 GATS 第 1 条第 3 款的规定，"成员的措施"可以划分为两类：①中央、地区或者地方政府所采取的措施；②由中央、地区或者地方政府授权行使权力的非政府性团体所采取的措施。尤其当履行该协定中的责任和承诺时，每个成员需要采用所有可能的方式来确保国内的地域、地方政府以及其他受委托的管理单位遵循这些职责和承诺。这部分内容强调各成员必须尽最大努力保障下级政府和相关的管理部门遵从 GATS 设定的各种责任和承诺。

GATS 第 1 条还对"服务贸易""服务""在行使政府权限时提供的服务"做了规定。"服务贸易"的定义中分别就"跨境交付""境外消费""商业存在""自然人移动"4 种方式进行了说明和归纳。

"服务"指的是包括任何部门的任何服务，除了行使政府权限时提供的服务，"服务"的范围还包括非官方政府部门中任何一个部门的服务。而"在行使政府权限时提供的服务"是指官方政府部门或政府授权，在既不依据商业基础提供的条件下，也不与一个或多个服务提供者竞争的任何服务。例如，国家中央银行的服务和社会保障服务等。

①"跨境交付"的显著特点是服务提供者和消费者分别位于不同国家（地区）的领土范围内，如国际电信、国际邮政等提供的跨境服务。从这方面来看，这种"跨境交付"形式也是最简单的国际服务贸易形式之一，与国际货物进出口贸易一样，强调的都是出口方与进口方所在的地理上的国家（地区）界线，而服务贸易进出口跨境的对象只是由货物变成了服务而已。

②"境外消费"模式，即在一个成员的境内对所有其他成

员的公民或常住人口所居住的国家（地区）境内的服务用户提供服务。例如，海外旅游服务、海外医疗服务、海外留学服务等。"境外消费"同样是简单且常见的国际服务贸易类型之一，它所面临的问题相对较为单纯，并且不需要消费者所在国家或地区的许可，以让服务供应商能够入境为他们提供服务。

③ "商业存在"指的是一国服务的供应商能够以其所在国家（地区）的商业实体形式向另一国家（地区）提供的服务。例如，设立海外分行、律师事务所以及其他财务机构等。这种"商业存在"的服务贸易形式通常是与对外直接投资联系在一起的。必须明确指出，对于服务业的对外直接投资来说，其并不属于《与贸易有关的投资措施协议》（TRIMs）的规定范围，而仅受限于 GATS 的相关规定。

就当前的发展趋势及未来的走向而言，"商业存在"的服务贸易模式所面临的问题较为繁杂，主要包括服务供应方和服务需求方必须处于同一成员的地理范围之内。这不仅关乎跨国家的服务供应商的国家（地区）边界问题，更可能牵涉另一个成员是否能在该国家（地区）设立业务的"国民优惠"等问题。

然而，GATS 中"商业存在"的相关规定不同于 GATT 中的关于关税和其他贸易限制的规定，GATT 仅会在涉及特定商品的补贴或技术规范等问题上产生第三方相关的政策难题，而在 GATS 中，自始至终都必须处理外来服务供应商，如开设业务、经营活动等方面所引发的涉及"国民待遇"的国内政策的挑战。从这个角度来看，GATS 确实开辟了一个新兴的领域。

④ "自然人移动"是指在一个国家（地区）的服务供应商

利用该国家（地区）内部的自然人在另一个国家（地区）提供的服务。这通常是与"商业存在"相连或共存的情况，但也可能独立发生，如技术专家可以以个人的名义前往国外提供专业的技术支持。然而，根据 GATS 的规定，有特定的"自然人移动"条款对此进行了详尽阐述，包括对影响某一成员内服务商的自然人和其雇用的另一成员的自然人的相关规定。需要注意的是，这些"自然人移动"并不包含那些因寻求海外职业而离开自己国家（地区）的人，也不受各国家（地区）针对居民、居留和就业设置的相关限制政策的影响。

GATS 的附件 2 中对"自然人移动"也有相关规定。例如，本协定不应阻止一成员实施相应措施对自然人进入或暂时居留其境内进行管理，包括为保护其边境的完整和确保自然人有秩序跨境流动所必需的措施，只要这类措施的实施不致损害或阻碍根据一项具体承诺的规定和条件给予任何成员的利益。

（2）一般义务和纪律。

第二部分涉及各成员的"一般义务和纪律"的内容，包括以下条款。

①最惠国待遇。GATS 第 2 条第 1 款明示了，在本协定项下的任何措施方面，各成员应立即和无条件地给予任何其他成员的服务和服务提供者以不低于其给予任何其他国家相同的服务和服务提供者的待遇。这一部分的内容基本等同于服务业最惠国待遇的原则，它几乎与货品交易的一致性相符。

然而，根据 GATS 第 2 条第 2 款的规定，一成员可以维持不一致的措施，只要该措施已列入第 2 条豁免附件并符合该附件的条件。这意味着在一个成员境内及其周边地区的边界上发生的贸易交流时仅限于对本地生产的商品和服务提供优惠。例如，当一个成员正在协商时，它有权请求取消某些部门及措施的最惠国待遇责任，但是这个期限最多不得超过 10 年。

尽管 GATS 中的最惠国待遇被定义为"无条件的"，但考虑当时的环境，第 2 条第 3 款明确指出，本协定的规定不得解释为阻止任何成员赋予或给予其毗邻国家优惠，以便利于毗邻的边境地区进行当地生产和消费的服务的交换。最惠国待遇责任的若干例外规定，在第 29 条第 2 款"豁免清单"的附录中进行了详细说明。特别是在免除最惠国待遇义务方面，允许成员方在不超过最长期限 10 年的时间内，可以享受免除相关的义务，但是要求每过 5 年进行一次资格审查。在其他例外中也规定"最惠国待遇"不适用于第 5 条"经济一体化"和第 8 条"垄断和专营服务提供者"。

②透明度。在 GATS 中，透明度是一个重要的原则。它要求各成员在影响服务贸易的法律、法规、行政命令和其他决定、规则和程序，以及各成员政府或政府机构影响服务贸易政策的国际协定方面，应及时公布，以使其他成员政府和服务提供者能够了解。这一原则旨在确保服务贸易领域的公平竞争和透明度，促进服务贸易的自由化。

在 GATS 中，透明度的具体要求包括以下方面。

成员应及时公布所有与服务贸易有关的法律、法规、行政命令和其他决定、规则和程序，以及影响服务贸易政策的国际协定。

成员应设立或指定一个或多个咨询点，以便为其他成员提供有关服务贸易的法律、法规、行政命令和其他决定、规则和程序，以及影响服务贸易政策的国际协定的信息。

成员应确保咨询点能够提供准确、可靠和及时的信息，并尽可能回答其他成员提出的具体问题。

通过遵循这些透明度要求，GATS 旨在减少服务贸易中的不确定性和风险，提高服务市场的透明度和效率，从而推动全球服务贸易的发展。

③发展中国家成员的更多参与。GATS 第 4 条主要关注发展中国家成员在服务贸易中的更多参与。该条款旨在通过提供具体的措施和灵活性，帮助发展中国家成员加强其服务部门的竞争力和参与度，从而促进全球服务贸易的平衡发展。

具体而言，GATS 第 4 条包括以下几个方面的内容。

发展中国家成员的承诺灵活性：GATS 允许发展中国家成员在服务贸易方面做出与其发展水平相一致的承诺。这意味着发展中国家成员可以根据自身的实际情况，逐步开放服务市场，而不是一次性承担过重的义务。

技术援助和合作：GATS 鼓励发达国家成员向发展中国家成员提供技术援助和合作，以帮助其加强服务部门的竞争力和参与度。这种援助和合作可以涵盖多个方面，如培训、信息交流、政策咨询等。

市场准入和国民待遇：虽然 GATS 要求各成员在市场准入和国民待遇方面做出承诺，但对于发展中国家成员，GATS 也允许其在这些方面提供有限的例外和灵活性。这有助于发展中国家成员在保护其国内服务产业的同时，逐步开放市场并吸引外资。

最惠国待遇的例外：GATS 允许发展中国家成员在特定情况下对最惠国待遇原则进行例外处理。这意味着发展中国家成员可以在与某些成员的服务贸易中提供更为优惠的待遇，以促进其服务出口和经济发展。

总之，GATS 第 4 条为发展中国家成员在服务贸易中的更多参与提供了重要的支持和保障。通过提供承诺灵活性、技术援助和合作、市场准入和国民待遇的例外等措施，GATS 助力促进全球服务贸易的平衡发展，并帮助发展中国家成员加强其服务部门的竞争力和参与度。

"有关服务提供的商业和技术方面"，主要指的是发达国家成员应该以商业方式的技术转移来提升发展中国家成员服务产业的产能、效能及竞争优势，并帮助发展中国家成员改善销售渠道和信息网络，来应对发展中国家成员有竞争力的服务输出部门放宽市场准入的条件。

在执行第 4 条时，应该对最不发达国家成员给予特别优先。因为对于那些最不发达国家成员，它们的特殊经济情况以及其发展、贸易和财政需求，都在接受谈判。对于实现具体承诺所面临的严重挑战，应予以特别关注。也就是说，上述内容的具体实施，应给予最不发达国家成员特别的考虑。

④经济一体化。GATS 第 5 条第 1 款明确指出，本协定不应阻止任何成员参加或达成在参加方之间实现服务贸易自由化协议。这意味着国际化与经济一体化的推进对服务贸易自由化产生了多方面的效应，包括有利于服务贸易自由化发展，但也存

在一些负面影响。为避免和减轻这种负面效果，GATS 制定了特定的规则以指导服务贸易的经济一体化行为，例如关于协定修订承诺的部分就做了详细说明，如果因为第 1 款中的某个协定的签署、扩展或者重要修正导致某一成员的特定承诺被更改或取消，从而使其与减让表中列出的条款和条件相冲突，那么该成员应该最少提前 90 天告知这项变更或取消。这就是以具体时间和流程步骤相关的规范来促进服务贸易领域的自由化。

第 5 条之二"劳动力市场一体化协议"指出，本协议不应阻止任何成员成为在两个或多个参加方之间建立的劳动力市场完全一体化协议的成员。这意味着大部分成员的劳动力市场一体化协议是指，这种一体化为所有成员方的居民提供了无障碍地进入各个成员方就业市场的权益，并且涵盖了关于薪资标准、其他工作和社交福利政策的规定。

⑤国内法规。GATS 第 6 条第 1 款规定，在已做出具体承诺的部门，每个成员应确保所有普遍适用的影响服务贸易的措施，以合理、客观和公正的方式予以实施。这意味着各成员应当基于合理性、公允性和客观性原则，同等对待那些可能影响服务贸易的相关成员的内部法规。即在不违反该成员法律与社会制度的前提下，贯彻执行符合国际标准和原则的司法、仲裁、行政手段或司法程序。

对于那些合乎法规的服务需求，应立即审视可能影响服务贸易的任何相关政府决策，并对这些决策做出公平且中立的判断。例如，若某成员已经承诺向外籍服务供应商敞开大门，那么它们应当依照本国的法律法规快速回应外籍服务供应商的合法要求，并将审核的结果及时告知申请人。一旦证实了外籍服务供应商的诉求是合理的，则需要采取相应的弥补措施来解决问题。

⑥承认。GATS 第 7 条第 1 款指出，为全部或部分地实行对服务提供者的有关批准、许可或证明所规定的标准，并依照第 3 款的要求，成员可承认在一特定国家获得的教育或经验、已满足的要求以及所颁发的许可证和证明。这种通过协调或其他办法实现的承认，可基于与有关国家签订的协议或安排，也可自动给予。也就是说，服务贸易所涉及领域很广泛，特别对于一成员方承认特定国家的已经取得的学历、职称，以及从事专业技术的经历经验和语言水平能力等。各成员方对于这些不同的资历条件一般都有严格的规定限制，如已满足相关要求和已给予相关许可或证明，可依据本协定签署的各成员方自动相互认可和承认对方的各种资格，并按照国际上统一标准模式自动给予。

GATS 第 7 条第 5 款指出，只要合适，承认应基于多边同意的标准。在适当情况下，各成员应与有关的政府间或非政府组织进行合作，以建立和采用有关承认的共同国际标准和从事有关服务贸易和专业的共同的国际标准。

⑦垄断和专营服务提供者。GATS 第 8 条第 1 款指出，每个成员应确保在其境内的任何垄断服务提供者，在相关市场上提供垄断服务方面，不得违反该成员在第 2 条下的义务和具体承诺。第 8 条第 2 款也强调了这一点，即当一成员的垄断提供者，不论是直接或通过一附属企业参与在其垄断权范围之外且该成

员已做出具体承诺的服务提供的竞争，该成员应确保该提供者在其境内不滥用其垄断地位，从而违反其承诺。换言之，即使各成员方的服务业可能会有一些领域的垄断情况发生，但是根据协定本身并没有对这种垄断服务的建立和保护提出异议，然而对于那些在国内实施垄断的企业，每个成员方都应该遵守以下的规定：不能使用它们在自己领土上的垄断权力去做不符合此类承诺的事情。此外，还需注意的是，这样的做法也不能破坏最惠国待遇的原则或者是在服务贸易谈判过程中已经做出的相应承诺，否则的话，一旦有这种情况发生，那么可以向服务贸易理事会提出申请，由后者负责监督管理这类事情。

⑧商业惯例。GATS 第 9 条第 1 款指出，各成员承认除属于第 8 条的以外，服务提供者的某些商业惯例，会抑制竞争从而限制服务贸易。而第 9 条第 2 款则进一步强调了各成员需要开展协商讨论，以便消除上述提及的商业习惯带来的限制。对于此类要求，接受方必须予以高度重视且积极回应，同时需配合提供涉及问题的公共可获取资料。此外，只要满足国家法律法规的规定并且能确保机密性，受邀方还需要向发起要求的一方分享更多可以获取的数据。这一系列举措旨在推动各成员间关于减少或解除妨碍服务行业竞争的商业习惯方面的协作责任。此项规则的内容相较于 GATT 1994 的相关规范更为宽泛，它不仅认可所列的商业常规，也包括那些有可能削弱市场竞争力的其他商业习惯。

⑨紧急保障措施。GATS 第 10 条第 1 款明确指出，应在非歧视原则基础上就紧急保障措施问题进行多边谈判。谈判结果

应不迟于 WTO 协议生效之日起 3 年内付诸实施。该条款的主要目标是在 WTO 协议启动后 3 年的时间里，通过非歧视的原则来对相关的保护措施进行多边的讨论与商议，并在达成共识之后予以有效实行和应用。然而，根据实际情况分析，各个成员在许多服务贸易领域都难以迅速建立起详细且完整的保护措施，因此它们往往是先行动起来，然后逐渐对其进行修正和完善。

第 10 条第 2 款明确指出，在第 1 款所说的谈判结果开始生效前的一段时期，尽管有第 21 条第 1 款的规定，任何成员在其承诺生效之日起 1 年，可以将修改或撤销一具体承诺的意愿通知服务贸易理事会；前提是该成员向理事会说明此修改或撤销不能等待第 21 条第 1 款规定的 3 年期限的理由。

例如，根据第 21 条 "承诺表的修改" 第 1 款 (a) 项规定：根据本条规定，在一承诺生效之日的 3 年以后，成员 (本条称 "修改成员") 可在任何时候修改或撤销承诺表中的任何承诺。这意味着，关于承诺表的修改条例是基于第 10 条第 2 款的一个特殊情况，它的主要焦点是在考虑是否需要对某个成员提出修改或废止的要求时，修改成员应该与其他成员展开对话并商讨可能需要的补偿措施，以此来确保所有成员能够保持互惠互利的原则，使得它们的承诺总量至少不会低于其在这些讨论前所设定的对服务贸易有利的水平。

⑩保障收支平衡的限制。GATS 第 12 条第 1 款明确指出，出现严重的收支平衡和对外财政困难或其威胁时，一成员可以对其已做具体承诺的服务贸易，包括与该承诺有关交易的支付和转移，采取或维持限制。各成员承认处于经济发展或经济过

渡过程中的成员，其收支平衡会受到特殊压力，因此该成员会有必要使用限制以确保维持足以实施其经济发展或经济过渡计划的财政储备水平。

如果某一成员发生了严重的国际收支和对外财政支出的困难和压力，可以对已经做出的 GATS 服务贸易中具体承诺义务的实施或维持采取限制措施。同时也应该防止给所有其他的成员带来无谓的损失。

⑪政府采购。GATS 第 13 条第 1 款明确指出，第 2 条、第 16 条和第 17 条不应适用于关于政府机构为政府目的而采购服务的法律、法规或要求，而不是为商业转售或为商业销售提供服务之目的。这一规定的核心思想是，如果某一成员的政府机关是为了本国政府的需求来获取服务，那么它们就不需要受到关于最惠国待遇、国民待遇以及市场准入的相关规则的影响。其有关政府采购的规则将留待 WTO 多边谈判来完成，并规定该多边谈判必须在 WTO 协议生效后 2 年之内完成。

⑫一般例外。GATS 第 14 条第 1 款规定，只要这类措施的实施不在情况相同的国家间构成武断的或不公正的歧视，或构成对服务贸易的变相限制，则本协定的规定不得解释为阻止任何成员采用或实施以下措施。其主要内容为各成员在下列 4 种特殊情况下，可以免除对本协定的义务。

第一种情况是对公共道德或维持公共秩序进行必要的保护措施。

第二种情况是涉及对人类、动植物的生命和健康进行必要的保护措施。

第三种情况是为防止瞒骗和欺诈的习惯做法与处理服务合同违约方面采取的措施，特别是在保障、管理并阻止个人信息中私人信息的泄露，同时也在保护个人档案和账号信息方面进行了相应的操作；另外，还包括关于国家和安全的敏感数据及其相关直接或间接提供给军方使用的服务活动，以及为了确保全球和平而采取的相关行动。

第四种情况涉及与第 17 条"国民待遇"有所冲突的规定，为了防止重复纳税，例如当差异化的待遇是为了确保向其他成员提供的服务或者其供应商公正且有效地征收或支付直接税收的时候。

针对这些特殊规定，需要各成员遵循以下原则：既不可以因为来自不同的国家而采用不同的策略，也不能对服务贸易产生任意性的、间接的阻碍。

第 14 条之二"安全例外"允许各成员根据自身判断，拒绝向其他成员透露可能危害到它们基本安全的任何信息或者禁止实施被视为维护它们的基础安全所需的行为。例如，当欧盟与他方协商时，提议把相关的"文化例外"要素加入第 14 条之中。

⑬补贴。GATS 第 15 条第 1 款明确指出，各成员承认，在某些情况下，补贴对服务贸易可能会产生扭曲影响。各成员应进行多边谈判以制定必要的多边纪律来避免这类贸易扭曲的影响。谈判也应讨论反补贴程序的适当性。谈判应承认补贴对发展中国家发展计划的作用，并考虑到各成员，尤其是发展中国家成员在这一领域中所需的灵活性。为进行谈判，成员应交换

其提供给该国服务提供者的与服务贸易有关的补贴的所有资料。

（3）具体承诺。

这部分包含 3 条内容，详细阐述了一些基本且具体的原则。

①市场准入。GATS 第 16 条第 1 款明确指出，在第 1 条所确定的服务提供方式的市场准入方面，每个成员给予其他任何成员的服务和服务提供者的待遇，不得低于其承诺表中所同意和明确的规定、限制和条件。换句话说，某成员无论是采取限定服务供应商数量的方法，如设置数量配额，或者由政府控制的服务供给商，或者是采用经济需求评估的要求，以此来实施市场准入政策，并且这种服务需要有跨国资金的支持，都意味着该成员已经同意接受这样的跨国资金流入。同样地，如果某成员用设定配额或使用经济需求评估方法来确定服务业的规模，或是按指定的数量单位计算服务产量，并以此作为市场准入策略，那么该成员也已经同意接受相关的资金迁移到国内。

GATS 第 16 条第 2 款主要关注市场准入承诺。在该条款中，各成员需要明确列出其在承诺表中针对市场准入的具体承诺内容。

市场准入承诺通常包括服务提供者进入市场的方式、条件以及所享有的权利等方面的内容。各成员可以根据自身的服务业发展水平、经济目标和政策选择，自主决定哪些服务部门需要开放市场，并在承诺表中详细列出相关的市场准入条件。

具体而言，市场准入承诺可能涉及以下几个方面。

服务提供模式：各成员可以决定在哪些服务提供模式下开放市场，例如跨境交付、境外消费、商业存在和自然人移动。

服务部门范围：各成员需要明确列出将开放哪些服务部门，并对这些部门的开放程度进行具体说明。

数量限制：各成员可以设定服务提供者的数量限制，例如对特定服务部门中的外国服务提供者数量进行限制。

地域限制：各成员可以设定服务提供的地域范围，例如只允许在特定地区提供服务。

其他条件：各成员还可以根据实际需要设定其他市场准入条件，例如对服务提供者的资质、经验、技术等方面的要求。

需要注意的是，市场准入承诺是各成员在自愿的基础上做出的，具有法律约束力。各成员需要严格遵守其承诺表中的规定，并接受 WTO 的监督和争端解决机制的约束。同时，各成员也有权根据实际情况对承诺进行修改或撤销，但需要及时通知 WTO 和其他成员。

该条款的主要目的是确保各成员不会通过设置障碍来阻碍其他成员的经济增长和服务发展。

对于发展中国家成员在谈判中所提出的承担特定义务，GATS 采纳了"正面清单"方式，将所有可以开放的服务部门以及分部门和交易都列入目录。根据 GATS 规定，市场准入和国民待遇条款不属于一般义务，但可作为个别部门和分部门所规定承担义务进行谈判。对于服务的进入要求，会依据服务贸易的具体含义展开讨论；而对外的服务供应商可以无视第 4 条发展中国家成员的更多参与的要求，这被视为市场的准入标准之一。此外，GATS 还明确指出，一国的政府可以选择自身具有竞争优势的部门或者细分领域，以寻求更多的自由化，并在此基础上做出最大限度的开放承诺，以便更好地满足自身经济发展、社会进步及发展的需求。采用这种方式，意味着 GATS 与 GATT 的货物贸易的情况类似，即谈判都是从自身的优势部门开始并扩展到其他部门。

②国民待遇。GATS 第 17 条第 1 款明确指出，在列入其承诺表的部门中，在遵照其中所列条件和资格的前提下，每个成员在所有影响服务提供的措施方面，给予任何其他成员的服务和服务提供者的待遇不得低于其给予该国相同服务和服务提供者的待遇。这一原则的核心是国民待遇并非普遍适用于全部服务领域，它仅涉及各成员在承诺表中标明的部分。当外来服务供应商因为自身属性导致的市场劣势而遭受损失的时候，没有必要对其做出赔偿。

GATS 第 17 条第 2 款规定，一成员给予其他任何成员的服务或服务提供者的待遇，与给予该国相同服务或服务提供者的待遇不论在形式上相同或形式上不同，都可满足第 1 款的要求。这意味着，可以通过观察实际执行的待遇状况来衡量 GATS 的国民待遇标准，无论该国的承诺是给国外服务或是服务供给方的待遇方式与本国（区域）内的类似服务及供货商保持一致还是有所差异，如果结果并未低于它为本国（区域）内类似服务及供货商提供的待遇，那么就是合格的。

GATS 第 17 条第 3 款明确指出，形式上相同或形式上不同的待遇，如果改变了竞争条件从而使该成员的服务或服务提供者与任何其他成员的相同服务或服务提供者相比处于有利地位，这种待遇应被认为是较低的待遇。这一规定的关键在于，无论是哪个成员实施的国民待遇政策发生了改变，只要这个改变使本国的企业受益并比其他成员的相似业务和服务提供了更多的便利，就应当被认为是违背了国民待遇的原则。

③附加承诺。GATS 第 18 条明确指出，各成员可就不在第 16 条或第 16 条的列表要求内，但影响服务贸易的措施，包括有关资格、标准或许可事宜的措施，进行谈判做出承诺。这种承诺应列入一成员的承诺表中。其核心内容是，GATS 中规定，虽然每个服务部门所列明的国民待遇条款和内容的承诺表措施都不尽相同，而且一般都要通过双方多轮谈判才能确定，但所有成员在给予其他成员国民待遇时，都会根据自己的特定情况来给予相关附加条件。这是服务贸易的相关附加承诺减让表与货物贸易的附加承诺减让表的根本区别之处。

（4）逐步自由化。

GATS 第 19 条"具体承诺的谈判"第 1 款主要规定了关于具体承诺谈判的原则和程序。该条款强调了各成员在服务贸易具体承诺谈判中应遵循的互利原则，并顾及所有成员的利益，包括它们的总体和个别发展、需要和情况。

具体而言，第 19 条第 1 款规定，各成员应在互利的基础上，并顾及所有成员的利益，包括它们的总体和个别发展、需要和情况，进行关于具体承诺的谈判，以期在合理的时间内达成双方满意的安排。

该条款为服务贸易具体承诺的谈判提供了指导原则，旨在确保谈判的公正性、合理性和互利性。通过遵循这一原则，各成员可以在服务贸易领域达成更加公平、合理和有利于共同发展的承诺安排。

需要注意的是，服务贸易具体承诺的谈判是一个复杂而漫长的过程，需要各成员充分考虑各自的利益和发展需要，并进行充分的沟通和协商。同时，服务贸易具体承诺的谈判也是一个动态的过程，需要随着服务贸易领域的发展和变化而不断调整和完善。

GATS 第 19 条第 2 款规定，自由化进程的进行应适当尊重各成员的国家政策目标及其总体和各部门的发展水平。

该条款主要强调了服务贸易具体承诺的谈判结果应当具有明确的时间表和可实施性。在谈判期间，各成员应当就具体承诺的时间表和相关限制措施的取消或禁止进行明确的商定，以确保承诺的可行性和有效性。这一规定有助于促进服务贸易领域的自由化和便利化，提高服务贸易的效率和水平。

GATS 第 19 条第 3 款主要涉及服务贸易争端的解决程序。该条款规定，如果磋商未能解决争端，则起诉方可以请求设立专家组来审查争端事项。专家组应就提交给它的事项进行客观评估，包括对被提起争端措施的评估以及与此事项有关的其他协议的适用性。

该条款为服务贸易争端的解决提供了一个明确的程序，确保争端能够得到公正、客观和专业的审查。当磋商无法解决争端时，专家组的设立可以为成员提供一个独立的平台来评估和解决争端，从而维护服务贸易的正常秩序和公平竞争。

第 19 条第 4 款规定，在每一回合中通过双边、诸边或多边谈判，逐步自由化的进程都应向提高本协定项下成员所承担具体义务的整体水平的方向推进。其核心内容强调对各成员在履行 GATS 一般义务时，还要承担具体承诺总体水平的义务，通过双边或多边谈判来逐步推进自由化的进程。

（5）制度条款。

GATS 第 22 条 "磋商" 第 1 款规定，每一成员应对任何其他成员可能提出的、关于就影响本协定运用的任何事项的交涉所进行的磋商给予积极考虑，并提供充分的机会。争端解决谅解（DSU）应适用于此类磋商。该条款为各成员提供了一个机制，以就影响服务贸易的重大事项和措施进行磋商，并特别强调了给予发展中国家成员充分和及时的机会，以达成对承诺可能产生的影响及实现手段的共同谅解。这有助于促进服务贸易的公平和可持续发展。

GATS 第 22 条第 2 款规定，在一成员请求下，服务贸易理事会或争端解决机构（DSB）可就其通过根据第 1 款进行的磋商未能找到满意解决办法的任何事项与任何一个或多个成员进行磋商。

GATS 第 22 条第 3 款规定，一成员不得根据本条或第 23 条，对另一成员属于它们之间达成的与避免双重征税有关的国际协定范围的措施援引第 17 条。在各成员不能就一措施是否属它们之间的此类协定范围达成一致的情况下，应允许两成员中任一成员将该事项提交服务贸易理事会。理事会应将该事项提交仲裁。仲裁人的裁决应为最终的，并对各成员具有约束力。

上述条款为成员间就服务贸易领域的措施进行磋商提供了

明确的程序和要求，旨在通过理事会进行友好协商，解决分歧。

同样，GATS 第 23 条 "争端解决和实施" 第 1 款明确了相关的争议解决及执行过程中，如涉及防止重复征税协议范围内的问题，需要把这个问题交给服务贸易委员会去处理并采取仲裁的方式，而仲裁的结果必须是最后的，也是对所有的成员有约束力的，同时还应该能够实际操作并被执行。假如某个成员没有能力履行这个仲裁结果，其可以利用 DSU 来寻求一种令双方都满意的解决方案。

GATS 第 24 条 "服务贸易理事会" 第 1 款规定，服务贸易理事会应履行对其指定的职能，以便利本协定的运用，并促进其目标的实现。理事会可设立其认为对有效履行其职能适当的附属机构。该条款明确了服务贸易理事会的设立目的和职能，旨在实施和管理 GATS 的规定，并为服务贸易的逐步自由化及 GATS 的实施、运作和目标的实现提供指导方针。

GATS 第 25 条 "技术合作" 第 1 款规定，需要此类援助的成员的服务提供者应可使用第 4 条第 2 款所指的咨询点的服务。该条款旨在加强技术合作，以改善发展中国家成员和最不发达国家成员的服务部门的能力和效率，从而促进其服务部门的扩展和多样化。通过提供商业惯例信息、管理和技术专门技能以及技术获取机会，各成员可以共同推动全球服务贸易的公平和可持续发展。

GATS 第 26 条 "与其他国际组织的关系" 主要规定了 GATS 与其他国际组织之间的合作与协调。该条款强调了在服务贸易领域加强国际合作的重要性，并规定了 GATS 与其他国际组织在相关领域进行合作的具体方式。

具体而言，WTO 应酌情与国际货币基金组织、国际复兴开发银行及其附属机构、联合国及其专门机构以及其他有关国际组织进行磋商和合作，以实现 GATS 的目标。这种合作旨在确保服务贸易政策与其他经济政策之间的协调性和一致性，以及充分利用各组织的专长和资源，共同推动全球服务贸易的发展。

此外，在适当情况下，WTO 可以与上述国际组织就建立适当的联合程序做出安排，以便为发展中国家成员提供技术援助和培训，帮助它们更好地参与和影响服务贸易的发展。

总之，第 26 条强调了 GATS 与其他国际组织在服务贸易领域的合作与协调，旨在通过国际合作共同推动全球服务贸易的繁荣和发展。

（6）最后条款。

根据 GATS 第 27 条"利益的拒给"，当某项服务被认定是由 WTO 协议适用或不适用的成员提供的，并且如果这项服务涉及海上运输时，可以对此类情况决定是否授予相应的权益、参与和遵守规章制度，同时明确此协议适用于哪些特定的情况及其如何处理否决权和退出的权利，但不适用于 WTO 协议所涵盖的成员领土内的任何部分。

3. 附件

GATS 第 29 条是有关某些具体服务贸易部门的附件，共包括 8 个相关附件，是 GATS 不可分割的组成部分。此外，在 GATS 和部长级会议确定的一般原则的基础上，各成员在多轮回合谈判结束后，可继续进行各具体服务部门开放市场的谈判，并达成最终协定。具体来说，附件内容包括：最惠国待遇豁免的相关内容；空运服务附件；金融服务的两个附件；海运服务谈判附件；电信服务附件；基础电信谈判附件。

2.3 我国已签署的自由贸易协定服务贸易规则文本研究

2.3.1 我国已签署的自由贸易协定概述

截至 2024 年 5 月，我国已签署了 23 个自由贸易协定，还有 10 项正处于商讨状态下的无限制商业合作关系（如与秘鲁的商务提升对话等），以及 8 种仍在探讨之列的关系模式（如我国同哥伦比亚或加拿大的潜在经济联系）。这些涵盖全球五大洲的广泛且多样化的国际交流活动，表明我国具有巨大且深远的影响力。

现根据我国已签署的自由贸易协定文本中涉及服务贸易协议的情况，整理出我国已签署的自由贸易协定服务贸易协议一览表，如表 2-6 所示。

表 2-6　我国已签署的自由贸易协定服务贸易协议一览表

序号	签署时间	签署协定国家（地区）	自贸协定类型	涉及服务贸易形式
1	2003 年 6 月	内地—港澳地区	地区与地区	更紧密型的经贸关系
2	2002 年 11 月	中国—东盟①	国家与国家集团	自贸协定服务贸易条款
3	2008 年 4 月	中国—智利	国家与国家	自贸协定服务贸易条款
4	2008 年 4 月	中国—新西兰	国家与国家	自贸协定服务贸易条款
5	2008 年 10 月	中国—新加坡	国家与国家	自贸协定服务贸易条款
6	2009 年 2 月	中国—巴基斯坦	国家与国家	服务贸易协定
7	2009 年 4 月	中国—秘鲁	国家与国家	自贸协定服务贸易条款
8	2010 年 4 月	中国—哥斯达黎加	国家与国家	自贸协定服务贸易条款
9	2013 年 4 月	中国—冰岛	国家与国家	自贸协定服务贸易条款
10	2013 年 7 月	中国—瑞士	国家与国家	自贸协定服务贸易条款
11	2015 年 6 月	中国—澳大利亚	国家与国家	自贸协定服务贸易条款
12	2015 年 6 月	中国—韩国	国家与国家	自贸协定服务贸易条款
13	2017 年 5 月	中国—格鲁吉亚	国家与国家	自贸协定服务贸易条款

续表

序号	签署时间	签署协定国家（地区）	自贸协定类型	涉及服务贸易形式
14	2019 年 10 月	中国—毛里求斯	国家与国家	自贸协定服务贸易条款
15	2017 年 12 月	中国—马尔代夫	国家与国家	自贸协定服务贸易条款
16	2020 年 10 月	中国—柬埔寨	国家与国家	自贸协定服务贸易条款
17	2015 年 11 月	中国—东盟	国家与国家（升级《议定书》）	全面经济合作型的服务贸易协定
18	2017 年 11 月	中国—智利	国家与国家（升级《议定书》）	自贸协定服务贸易条款
19	2018 年 11 月	中国—新加坡	国家与国家（升级《议定书》）	自贸协定服务贸易条款
20	2019 年 4 月	中国—巴基斯坦	国家与国家（第二阶段《议定书》）	服务贸易协定
21	2020 年 11 月	中国—东盟、日本、韩国、澳大利亚、新西兰	国家与国家集团［《区域全面经济伙伴关系协定》（RCEP）］	全面经济合作型的服务贸易协定
22	2021 年 1 月	中国—新西兰	国家与国家（升级《议定书》）	自贸协定服务贸易条款

续表

序号	签署时间	签署协定国家（地区）	自贸协定类型	涉及服务贸易形式
23	2023 年 8 月	中国—尼加拉瓜	国家与国家	自贸协定服务贸易条款

资料来源：中国自由贸易区服务网，http：//fta.mofcom.gov.cn/，作者进行了整理。

注：①2002 年 11 月，签署了《中国—东盟全面经济合作框架协议》；2007 年 1 月 14 日，在菲律宾宿务签署了中国—东盟自贸区《服务贸易协议》。

我国已签署的自由贸易协定中有关服务贸易协议的类型有 3 种：①自由贸易协定服务贸易条款，表示服务贸易协议一开始就包含在自由贸易协定中，如中韩自由贸易协定；②服务贸易协定，表示服务贸易协议以双边服务贸易协定的方式在自由贸易协定签署之后再签订的补充协议，如中巴自由贸易协定；③全面经济合作型，表示涉及开放的服务贸易部门多且双边合作范围大，如中国东盟自由贸易协定、RCEP。

对我国已经签署的双边自由贸易协定进行分析，可以发现在区域贸易协定的条款中，展现出了如下特性。

（1）从地缘位置来看，我国已缔约自由贸易协定的缔约方主要分布在亚太地区，并扩大到美洲、大洋洲、欧洲和非洲。

中国—东盟全面经济合作框架协议服务贸易协议为 2007 年我国与东盟签署的第一份独立的服务贸易协议。随后逐步扩大到亚洲的巴基斯坦、新加坡、韩国、马尔代夫、柬埔寨等国家。接下来，一些签署了自由贸易协定的国家，如智利、哥斯达黎加、秘鲁、新西兰和澳大利亚，将区域服务贸易开放范围从亚洲扩展到美洲和大洋洲。随后签署自由贸易协定的地域也发展到欧洲国家，如冰岛、瑞士等。我国在中非合作论坛和"一带一路"倡议的框架下，将自由贸易区地域延伸到非洲，充分发挥参与共建"一带一路"的特殊区位优势。我国和毛里求斯的自由贸易协定于 2019 年 10 月 17 日正式签署，自 2021 年 1 月 1 日开始生效。

（2）从缔约方经济规模来看，我国已缔约自由贸易协定的缔约方为发展中经济体和发达经济体。

我国已缔约自由贸易协定的对象有 6 个发达国家，即新西兰、韩国、澳大利亚、冰岛、瑞士、新加坡。

（3）从自由贸易协定结构内容来看，包含服务贸易条款的自贸协定占绝大多数。

但一部分自贸协定的内容结构中呈现出明显的"先货物后服贸"的特征，即先签署相应的货物贸易领域的自贸协定，再推进区域服务贸易领域的自贸协定。以中国—东盟自由贸易协定为例，我国与其签订相关货物贸易自贸协定是在 2004 年，但服务贸易自贸协定却在 2007 年才签署。而后我国签署的大部分自由贸易协定则呈现出"货物和服务并行"的特征，即货物贸易领域和服务贸易领域的内容谈判和实施并行推进。例如，中国—新西兰自由贸易协定、中国—韩国自由贸易协定均是涵盖货物贸易和服务贸易等多领域的"一揽子式"自由贸易协定。

（4）从自贸协定中的服务贸易内容形式来看，可分为分立式和专章两种形式。

代表性的分立式服务贸易领域自贸协定包括我国与秘鲁、

韩国、巴基斯坦、智利、东盟和澳大利亚等签署的协定。专章形式的代表性的自贸协定有我国与冰岛、瑞士、哥斯达黎加签署的自贸协定，其中设置了服务贸易专章对承诺做出规定。

（5）从自贸协定升级形式来看，部分自贸协定在初次签署生效后又做了补充式的第二阶段和升级。

我国已经实施多年的多个自贸协定已进行了升级版的新协定再签署，例如 2015 年 11 月签署中国—东盟自贸区升级议定书是我国在现有自贸区基础上完成的第一个升级协定。2017 年 11 月，智利继东盟之后，成为全球第二个与我国签署自贸协定升级议定书的国家。至今我国已签署完成了中国—新加坡自贸协定升级议定书、中国—新西兰自贸协定升级议定书、中国—巴基斯坦自贸协定第二阶段议定书，促进了服务贸易进一步开放。

（6）从服务贸易协定中具体承诺减让表的形式来看，大部分以正面清单形式为主，但负面清单形式是大势所趋。

我国已签署的自由贸易协定中具体承诺大部分是以正面清单形式给出的。代表性的采用正面清单的自贸协定有我国与秘鲁、韩国、巴基斯坦、智利、东盟和冰岛等签署的自贸协定。

作为首个采用负面清单形式为我国提供服务贸易承诺的已签约国家，澳大利亚是正（负）面清单制度的主要推动者。这意味着澳大利亚通过列出其禁止的服务领域来向我国开放服务行业，而我国则是通过列出允许的服务领域来回应澳大利亚的要求。这一双边协议反映了两国当前的服务业状况。

中韩两国也承诺在协定签署后两年内将以负面清单形式继续开展服务贸易谈判。随着高水平服务贸易规则的发展趋势，今后我国的自由贸易协定中将出现越来越多的负面清单形式的服务贸易协定。

2.3.2　代表性双边自由贸易协定服务贸易规则对比研究

我国双边自由贸易协定的服务贸易章节基本上遵循了 GATS 的规定，主要涵盖以下几个方面：前言、术语解释及适用范围、责任与规范、详细的承诺条款和其他相关条文。其中义务和纪律部分一般包括透明度、披露机密信息、境内规制、承认、商业惯例、垄断与专营服务提供者、保障措施、支付和转移、例外条款等方面的内容，具体承诺条款一般包括市场准入、国民待遇、附加承诺、具体承诺减让表 4 个方面的内容。具体承诺减让表是服务贸易伙伴国（地区）在横向的开放部门与纵向的部门开放程度 2 个方面做出的具体承诺，是服务贸易条款最细致、最重要的部门。具体承诺减让表会另以附件的形式给出，承诺表中针对跨境交付、境外消费、商业存在、自然人移动 4 种服务提供方式在市场准入、国民待遇、附加承诺 3 个方面做出水平承诺与部门具体承诺。其中水平承诺包含所有服务部门，部门具体承诺指的是对各个分部门的具体承诺。我国参与的服务贸易部门均是在 GATS 框架下承诺的部门（GNS/W/120），包括 12 大类，共 160 多个服务部门。另外，我国与大部分伙伴国（地区）承诺的形式均沿用 GATS 中的表制，均按照正面清单形式列出，然而，在 2015 年签署的中国—澳大利亚自贸协定中，澳大利亚采取了负面清单（不符合措施清单）形式，表明我们在服务贸易领域的态度更倾向于朝着更高标准的目标靠近国际服务贸易协定（TISA）。

此外，本研究在我国已签署的双边自由贸易协定的服务贸易部分，选择了中国与东盟、中国与韩国、中国与澳大利亚三个代表性的自由贸易协定进行分析。中国—东盟自由贸易区是我国商谈最早也是世界上涉及范围最广的双边自由贸易协定，伙伴国多达 10 个，并且在 2015 年 11 月完成了新一轮的升级谈判，对于我国来说具有开创性意义。另外，中国—东盟自由贸易区属于国家与国家集团类型的双边自由贸易协定，对研究亚太自贸区、谈判中的中国—海合会自由贸易区具有非常重要的借鉴意义。

中国—韩国自由贸易协定是我国签署的具有代表性的自由贸易协定，两国之间开放范围广、程度高，涉及的内容全面，因此研究中国—韩国自由贸易协定对我国正在谈判的中日韩自由贸易协定具有重要的指导作用。

中国—澳大利亚自由贸易协定是 2015 年 6 月签署的双边自由贸易协定，也是我国第一个采用负面清单形式签署的南北型双边自由贸易协定，更是我国首次与主要发达经济体签署的第一个双边自由贸易协定，同样具有历史性的研究意义，对我国正在谈判的中国—以色列等高承诺水平型自由贸易协定具有重要的借鉴意义。

1. 中国—东盟自由贸易区及服务贸易规则的内容概述

中国—东盟自由贸易协定是我国最早签署的自由贸易协定，

该自贸区也是都由发展中国家组成的自由贸易区。该自贸区包含了 18 亿人口，其国内生产总值规模接近 6 万亿美元，贸易额达 4.5 万亿美元，是全球人口最多、规模最大的自由贸易区之一。

(1) 中国—东盟自贸区第一阶段（2000—2012 年）。

2000 年 11 月，朱镕基总理在第四次中国—东盟领导人会议上，首次提议建立中国—东盟自由贸易区。2001 年 3 月，中国—东盟经济合作专家组在中国—东盟经济贸易合作联合委员会框架下正式成立，建议中国和东盟用 10 年时间建立自由贸易区。2002 年 11 月，在第六次中国—东盟领导人会议上朱镕基总理和东盟 10 国领导人签署了《中国与东盟全面经济合作框架协议》，标志着中国—东盟建立自由贸易区的进程正式启动。

2003 年 10 月，温家宝总理于第七次中国—东盟领导人会议期间签订了《东南亚友好合作条约》，我国成为第一个加入此条约的非东盟成员国。2004 年 1 月 1 日起，中国—东盟自由贸易区的早期成果项目开始实行，并降低了农产品的关税。

2004 年 11 月，中国与东盟签署了《中国—东盟全面经济合作框架协议货物贸易协议》（以下简称《货物贸易协议》）。该协议规定，自 2005 年 7 月起，除首批已经实行减税的初期成果列表里的物品及一些敏感类别的物件以外，双方将对其他约 7000 个税目的产品实施降税。这标志着《货物贸易协议》正式进入了实施阶段，也标志着中国—东盟自贸区的建设进程全面拉开了帷幕。

2007 年 1 月，双方签署了服务贸易领域的《服务贸易协议》，于 2007 年 7 月顺利实施。2009 年 8 月 15 日，中国—东盟自由贸易区《投资协议》签署，标志着主要谈判结束。2010 年 1 月 1 日，中国—东盟自由贸易区正式建立。

（2）中国—东盟自贸区第二阶段（2013—2015 年）。

中国和东盟于 2010 年 1 月 1 日建立了自贸区，该自贸区的经济规模大约为 6 万亿美元，贸易额也达到了 4.5 万亿美元，是全球最大的由发展中国家组成的自由贸易区。2013 年，中国提出了升级中国—东盟自贸区的构想。

2014 年 8 月 26 日，中国和东盟在第十三次中国—东盟经贸部长会议上宣布启动中国—东盟自贸区升级版谈判。

2015 年 11 月 22 日，《中华人民共和国与东南亚国家联盟关于修订〈中国—东盟全面经济合作框架协议〉及项下部分协议的议定书》（以下简称《议定书》）签署。历时近两年，中国—东盟自贸区升级协定达成，这也是我国在现有自贸区基础上完成的第一个升级协定，其内容涵盖货物贸易、服务贸易、投资、经济技术合作等领域，体现了双方深化和拓展经贸关系的共同愿望和现实需求。

作为我国对外签署的第一个自贸协定，同时也是人口和经济规模最大的自贸区，中国—东盟自贸区升级《议定书》的成功签署，将有力地推动中国和东盟间的经贸合作再上一个新台阶，为双方经济发展提供新的动力，加快建设更为紧密的中国—东盟命运共同体。

（3）中国—东盟自贸区第三阶段（2016 年至今）。

2019 年 10 月，升级《议定书》对所有协定成员正式全面生效，进一步提升了我国和东盟的经贸关系，也向国际社会释放了我国和东盟坚定维护多边主义和自由贸易的积极信号。中国海关总署发布的数据显示，2020 年东盟超过欧盟，跃升为我国最大货物贸易伙伴，这是东盟继 2019 年超过美国成为我国第二大贸易伙伴后实现的又一突破。我国则连续 12 年保持东盟第一大贸易伙伴地位。

（4）中国—东盟自贸区服务贸易规则的内容概述。

2004 年 11 月，中国—东盟在签署了货物贸易领域的《货物贸易协议》后，2007 年 1 月在菲律宾签订了《服务贸易协议》。

《服务贸易协议》正文的内容包括 4 个部分共 33 条内容。

第一部分为定义和范围（包括第 1~2 条）。

第二部分为义务和纪律（包括第 3~17 条）。GATS 第 3 条，经做必要调整，纳入本协议并成为本协议的组成部分。GATS 第 3 条之二款，经做必要调整，纳入本协议并成为本协议的组成部分。

第三部分为具体承诺（包括第 18~24 条）。涉及市场准入、国民待遇、附加承诺和具体承诺减让表等内容。

第四部分为其他条款（包括第 25~33 条）。涉及国家、地区与地方政府，联络点，审议，杂项条款，修正，争端解决，利益的拒绝给予，生效和交存等内容。

其附件包括中国与东盟 10 个成员国分别签订的关于服务贸易的具体承诺表（分第一批和第二批），均是建立在 GATS 基础上以正面清单的方式做出承诺。在水平承诺与具体部门承诺 2 个方面，由于东盟 10 个成员国各自的经济发展水平参差不齐，我国与各个成员国的承诺表的内容也不尽相同。

2. 中国—韩国自由贸易区及服务贸易规则的内容概述

中韩自贸区官产学联合研究第一次会议于 2007 年 3 月 22 日至 23 日在北京举行。中韩自贸区谈判于 2012 年 5 月启动。2014 年 11 月，中韩两国元首在北京共同宣布结束实质性谈判。中韩自贸协定是我国迄今涉及国别贸易额最大、领域范围最为全面的自贸协定。2015 年 2 月 25 日，中韩双方完成中韩自贸协定全部文本的草签，对协定内容进行了确认。至此，中韩自贸协定谈判全部完成。

2015 年 6 月 1 日，中韩两国政府代表在韩国首尔正式签署《中华人民共和国政府和大韩民国政府自由贸易协定》，并于 2015 年 12 月 20 日正式生效并第一次降税。

2017 年 12 月 14 日，中韩两国签署了《关于启动中韩自贸协定第二阶段谈判的谅解备忘录》。中韩自贸协定第二阶段谈判由习近平主席与韩国总统文在寅于 2017 年 12 月共同宣布启动，是我国首个以负面清单方式开展的服务贸易和投资自由化谈判。2018 年 3 月 22 日，中国—韩国自由贸易协定第二阶段首轮谈判在韩国首尔举行。同年 7 月，中国—韩国自由贸易协定第二阶段第二轮谈判在北京举行。2019 年 3 月，中国—韩国自由贸易协定第二阶段第四轮谈判在北京举行。双方就服务贸易和投资展开进一步磋商，推动谈判取得稳步进展。

《中国—韩国自由贸易协定》服务贸易的内容在形式上与 GATS 的基本精神保持一致，共 16 条内容，在具体承诺减让表中，中方与韩方均采取正面清单的方式各自对 4 种服务贸易模式进行了水平承诺与具体部门的承诺。其中，中方对韩方除"健康相关及社会服务"外，在 11 个具体服务部门均做出了水平的承诺，包括专业服务、建筑及相关工程服务、分销服务、教育服务、环境服务、金融服务、旅游及与旅行相关的服务、娱乐、文化、体育服务、运输服务等方面的具体承诺内容，韩方对中方的承诺同样包括以上 11 个部门的内容，双方的承诺范围都比较广。

3. 中国—澳大利亚自由贸易区及服务贸易规则的内容概述

中国—澳大利亚自由贸易区谈判于 2005 年 4 月启动，2005 年 8 月 24 日，中国—澳大利亚自由贸易区谈判第二轮磋商在北京完成。直至 2014 年 9 月在北京举行中澳自贸协定第 21 轮谈判后，11 月 17 日习近平主席与澳大利亚总理阿博特在澳大利亚堪培拉举行会谈，在两国领导人的见证下，两国政府代表签署了实质性结束中澳自由贸易协定谈判的意向声明。2015 年 6 月 17 日，两国政府代表在澳大利亚堪培拉正式签署《中华人民共和国政府和澳大利亚政府自由贸易协定》，并于 2015 年 12 月 20 日正式生效并第一次降税，2016 年 1 月 1 日第二次降税。

2017 年 3 月 24 日，两国政府代表签署了《中华人民共和国政府与澳大利亚政府关于审议中国—澳大利亚自由贸易协定有关内容的意向声明》，正式宣布两国于 2017 年启动中澳自贸协定服务章节、投资章节以及《关于投资便利化安排的谅解备忘录》的审议。

中澳自贸协定中服务贸易部分是采用负面清单形式签订的服务贸易协议，具有历史性开创意义。澳大利亚同意对中方以负面清单方式开放服务部门，成为世界上首个对我国以负面清单方式做出服务贸易承诺的国家。中方在入世承诺基础上，以正面清单方式，向澳方承诺开放部分服务部门。

《中国—澳大利亚自由贸易协定》服务贸易的内容包括正文与附件 2 个部分，其中正文包括范围与定义、承诺方式、其他规定 3 部分内容，附件包括附件 1 的第 7 条项下涵盖的部门与附件 2 的金融服务。协议中的条款内容与 GATS 相比，具有很大的不同。

在具体承诺减让表中，中方采用正面清单的方式对澳方做出承诺，在 11 个具体服务部门均做出了高水平的承诺，澳方则采用负面清单列表对我国做出承诺，在安保部门、专业服务、通信服务、研发服务、房地产与分销服务、渔业与珍珠养殖业、采矿与相关服务、其他商业服务、分销服务、健康服务、旅游与旅游相关服务、文娱服务、运输服务、金融服务方面做了关于涉及义务、政府级别、措施来源、相关描述 4 个方面的描述。与正面清单的形式相比，澳方采用负面清单的形式，使得协议更加清晰、开放程度更大、对配套的国内法律完善程度也要求更高。

第 *3* 章

**我国区域自由贸易协定服务
贸易规则的分析与评价**

3.1　我国区域自由贸易协定服务贸易规则的特征

为了进一步分析我国现有区域自贸协定服务贸易规则的特征及存在的不足，本章从我国相关的自贸协定所包含的服务贸易条款出发，对我国 3 个代表性的自贸协定服务贸易条款进行纵向比较，并将其与多边框架下的 GATS 进行对比，分析其对 GATS 的超越（GATS+）或相较于 GATS 的不足（GATS-）。我国在自贸协定服务贸易条款的设置上沿袭了 GATS 的特征，即分为 3 个部分：定义与范围、具体承诺、其他条款。

1. 区域自由贸易协定服务贸易条款的定义与范围比较

服务贸易条款的定义部分，我国已签署的服务贸易协定都对所涉及的重要的基本定义条款内容做了相关规定。例如，我国3个代表性的自由贸易协定（中国—瑞士自由贸易协定、中国—韩国自由贸易协定、中国—澳大利亚自由贸易协定）服务贸易"定义与范围"条款中都规定了"服务贸易""服务消费者""商业存在""法人"等内容，某些定义的内容和程度略有不同，具体比较如下。

（1）我国代表性自由贸易协定服务贸易中"定义"规则的比较。

具体来看，在服务贸易的定义中，前期很多研究指出我国的各自贸协定中更多地表现出"GATS-"的特征。[①] 例如，在GATS规定中，"法人"定义提供了"拥有""控制"和"附属"等多种评判标准，但在中澳自由贸易协定服务贸易条款中仅提供了"一方的法人"的内容，[②] 并没有具体明确何为"法人"。其含义指的是依照其中一方的法律成立或建立，并在该方管辖区域内进行重要经营活动的法律实体。此外，对于通过商业存在提供服务的情况：①由一方的自然人拥有或控制的法人；②由本条第（七）项1目确认的该方的法人拥有或控制的法人。

进一步，在中韩自由贸易协定服务贸易章节中不但对"法人"给出界定，还对"法人"所涉及的3个具体标准做出了详述。第一，由一缔约方的人所"拥有"，如该缔约方的人实际拥有的股本超过50%；第二，由一缔约方的人所"控制"，如此类人拥有任命大多数董事或以其他方式合法指导其活动的权力；

---

① 卞海丽. 我国区域贸易协定中服务贸易自由化的经济效应评估：基于CAFTA升级版的研究［D］. 南京：东南大学，2016.

② 见中澳自由贸易协定第8章第2条（七）的内容。

第三，与另一成员具有"附属"关系，如该法人控制该另一人，或为该另一人所控制；或该法人和该另一人为同一人所控制。并且，协定还明确了"另一缔约方的法人"的界定。第一，根据该另一缔约方的法律组建或组织的，并在该另一缔约方领土内从事实质性业务活动的法人；第二，对于通过商业存在提供服务的情况：①由该缔约方的自然人拥有或控制的法人；②由本款第（1）项确认的该另一缔约方的法人拥有或控制的法人。

我国 3 个代表性的自由贸易协定服务贸易条款中，都涉及了"商业存在""服务贸易""服务消费者"的相同内容，规定"商业存在"是指任何类型的商业或专业机构，包括为提供服务而在一缔约方领土内设立、收购或经营法人，或者设立或经营分支机构或代表处。

"服务消费者"是指得到或使用服务的任何人。

"服务贸易"的定义为：①自一方境内向另一方境内提供服务（以下简称"跨境交付模式"）；②在一方境内向另一方消费者提供服务（以下简称"境外消费模式"）；③一方服务提供者通过在另一方境内以商业存在方式提供服务（以下简称"商业存在模式"）；④一方服务提供者通过在另一方境内以自然人存在方式提供服务（以下简称"自然人移动模式"）。

在除去这些相同的"定义"之后，在服务贸易条款中还对某些特殊的服务进行了定义，例如在中澳和中韩自由贸易协定服务贸易条款中，定义了"航空器的修理和保养服务""机场运营服务""计算机预订系统（CRS）服务""金融服务"等内容。

（2）我国代表性自由贸易协定服务贸易中"范围"规则的比较。

服务贸易条款中对"范围"的规定方面，我国3个代表性的自由贸易协定都将"适用于双方采取或实施的影响服务贸易的措施"视为其范围，其内容包括应当适用于影响以下方面的措施：①航空器的修理和保养服务；②空运服务的销售和营销；③计算机预订系统服务。

但也有"范围"不适用的规定，包括不适用规范政府机构为政府目的进行服务采购的法律、法规、政策或普遍适用的程序，只要该服务采购不以商业转售或为商业销售提供服务为目的。例如，中韩自由贸易协定中服务贸易的部分明确排除的"范围"包括：①除第13条的规定外，一缔约方提供的补贴或补助，包括政府支持贷款、担保和保险；②在缔约方各自领土内行使政府职权时提供的服务；③海洋运输服务中的沿海和内水运输服务；等等。

同时，中瑞自由贸易协定服务贸易条款中规定的"范围"不适用于影响以下方面的措施：①航权，无论以何种形式给予；②与航权的行使直接有关的服务，但附件中第三段规定的例外。中澳自由贸易协定服务贸易条款中规定的"范围"不适用内容为影响航空业务权的措施，无论以何种形式给予；或影响与航空业务权的行使直接有关的服务的措施，以及影响航空交通管制和航空导航服务的措施。

从以上内容来看，我国3个代表性的自由贸易协定中服务贸易条款的"范围"，都将一部分内容排除在适用范围之内，呈现出明显的"GATS-"的特征。

2. 区域自由贸易协定服务贸易条款的具体承诺比较

具体承诺部分是整个服务贸易协定最重要的部分, 其中的区别主要体现在各部门的覆盖范围和承诺约束力这 2 个方面。

从服务贸易内容的覆盖范围来看, 我国已签署的区域自由贸易协定涉及的内容各不相同, 总体趋势是后期签的覆盖范围大于前期签的。在 WTO/GATS 框架下, 自由贸易协定文本分类框架包含了 17 个分部门、253 个条款和 1130 个核心要件。在此情况下, 自由贸易协定数据库按照"部门—规定—主要内容"这 3 个层次结构对条款进行划分, 并将其纳入 17 个不同的类别。这些类别涵盖了市场准入、原产地准则、海关流程、卫生及植物卫生检疫、技术贸易壁垒、贸易救济、争议裁决、政府采购、投资、跨境服务交易、竞争政策、知识产权、劳动力、环境保护、电子商务、合作和透明度等 17 个具体范畴。

"关键条文"部分囊括了每一子项内容的细节规定, 例如在"市场准入"分部门下涉及 7 个条款内容, 分别是总览、消除关税、非关税措施、特别制度、其他措施、制度性条款和农业等。而不同的分部门涉及的条款数目不同, 例如"海关流程"分部门涉及 14 个条款内容, "原产地准则"分部门则涉及 19 个条款内容。

"核心要件"部分, 在各个分部门的每个条款下, 又包含若干更加详细阐述该条款内容的核心要件。这样, 通过一步一步地细化, 最终使得自由贸易协定文本的每一项具体规定, 都能在这套 3 级分类体系中找到位置，也为我们构建覆盖率指数、广度指数和深度指数来量化协定文本提供了理论基础。

在服务贸易"具体承诺"的规定中，例如中澳自由贸易协定中服务贸易是采用负面清单形式签订的协议，具有历史性开创意义。澳大利亚承诺，把其服务行业按照负面清单的形式向我国敞开，成为全球首个采用此类做法对我国做出服务贸易开放承诺的国家。具体情况见第 2.3.2 小节内容，此处不再重复。

中瑞自由贸易协定服务贸易的内容在形式上与 GATS 的基本精神也类似，在定义与范围、义务与纪律、具体承诺、其他条款等方面进行了规定。

3.2 我国区域自由贸易协定服务贸易规则的定量分析

本节以我国代表性区域自由贸易协定服务贸易规则内容为例，在 Hofmann 等 （2017）① 研究的基础上，并参考李杨等 （2022）② 对服务贸易规则进行定量分析的成果，对两者的服务贸易规则内容的覆盖程度与规则执行程度分析的测算方法进行

---

① HOFMANN C, OSNAGO A, RUTA M. Horizontal depth: a new database on the content of preferential trade agreements [J]. World Bank policy research working paper, 2017 (7981).

② 李杨，高媛. RCEP 服务贸易规则深度测算与国际比较研究 [J]. 亚太经济，2022 (2): 50-56.

了细分优化，并更新了部分服务贸易规则的计分标准，使其更适合近期我国区域自由贸易协定服务贸易规则谈判的发展趋势。

依据 Hofmann 等（2017）和李杨等（2022）对区域自由贸易协定服务贸易规则的研究，本书构建了一套具体的定量分析框架。该框架针对我国涉及的自由贸易协定服务贸易规则进行了数量化的剖析，并将其规则内容划分为以下 11 个维度：非歧视原则、国内监管、例外规定、自然人移动、实质性规则、部门排除、自由化措施、政策排除、保障机制、协定结构、透明度原则。

在非歧视原则领域，该准则构成 WTO 众多双边合作协定的核心支撑，通过最惠国和国民待遇落到实处。鉴于服务贸易的特点包括无形属性、海关边界不易界定、国与国之间发展水平悬殊、相关协议尚待健全等，非歧视原则在服务与货物贸易领域内同时传承与区分，体现在最惠国待遇的普遍要求上与国民待遇的详细承诺间的差异。例如，我国某些自由贸易协定缺乏最惠国待遇的规定，只约定了国民待遇，这在一定程度上限制了贸易自由化进程的推进。

在国内监管领域，GATS 第 6 条"国内法规"的规定中显示出"GATS+"与"GATS-"的特征，这是影响服务贸易自由化的关键因素。[①] WTO 在服务贸易内部监管领域实现了划时代的规则革新，这一成就重新激发了该组织规则创制的核心职能，同时催生了各方磋商的蓬勃兴起。自 21 世纪伊始，该议题标志

---

① 张磊，徐琳. 服务贸易国内规制的国际治理：基于"良好监管实践"的视角 [J]. 国际经贸探索，2024，40（2）：106-120.

着 WTO 在多边谈判方面收获显著成果，其经验对于将来各项议题的协商过程具有深远的启示意义。

特别是，我国也越来越重视国内监管条款的安排与应用，在国内监管领域的自贸协定谈判中有必要建立区分 GATS 第 6 条中明确的一般准则，以确定各成员政府对服务贸易监管的立法和执行。这反映出我国对这一领域的逐渐熟悉，对国内监管相关领域的规则也更加重视。

在例外规定领域，GATS 第 14 条允许成员方减损其市场准入和国民待遇承诺，以采取必要的措施保护政策利益。该条提供了一个更为详细的贸易承诺的例外清单。第 14 条第 1 款第（a）至（e）项规定了在其他方面不符合 GATS 要求的措施的具体理由。同时，GATS 第 14 条的一般例外条款的规定被大多数区域贸易协定所沿用，并且针对服务贸易相关例外条款的大部分内容都涉及"电子商务"章节或"数字贸易"相关的章节。所以，对于区域贸易协定中的一般例外条款的适用标准仍然可以沿用 GATS 第 14 条中的内容。[①]

特别是在 GATS 中，明确规定了一系列允许背离 GATS 基本原则和制度的例外措施，主要包括紧急保障措施、保障收支平衡措施、政府采购、一般例外、安全例外以及补贴等。例如，近期在 RCEP 中设定了不同的例外条款以及各个例外条款的适用规则，对不同的规制目标所适用的程度也有所不同，协调程度亦有所区别。从客观层面来看，在实践中适用例外条款的过程有一定的优

---

① 高丹蕾. 跨境数据流动中国际贸易协定例外条款的适用 [D]. 太原：山西大学，2023.

势，应根据现实情况合理地设置例外条款的规则。

在自然人移动领域，GATS 定义国际服务贸易主要表现为跨境交付、境外消费、自然人移动和商业存在 4 种形式。其中，自然人移动是指服务提供者在他国境内临时提供服务的贸易方式。

跨国人才的互换被视作全球服务贸易的一种形式，并表现出多种多样的状态。这种移动根据目的地的不同，主要划分为 4 个类别：发展中国家之间的人才转移、发达国家之间的人才转移、从发展中国家至发达国家的人才转移，以及从发达国家至发展中国家的人才转移。步入 21 世纪，世界贸易向区域性集群发展的趋势有所加剧，同时在 WTO 的多边框架之下，区域性贸易协定的影响力日益显著。与 GATS 的法律条文相比，区域贸易协定在人才流动方面的规定不仅是 GATS 规则的延伸，也呈现出新的发展动向。

例如，我国签署的 RCEP 中，有关自然人移动的规则内容主要涉及 RCEP 的第 8 章 "服务贸易" （包括附件 3 "专业服务"）与第 9 章 "自然人临时移动"，还涉及第 17 章中的一般条款，各缔约方的相关承诺均列于 RCEP 附件 4 "自然人临时移动具体承诺表" 中。特别是 RCEP 不仅继承了 GATS 的做法，将自然人移动作为服务贸易模式之一进行规制；同时在 RCEP 中也设置了专章，并在具体规则设置上对自然人的准入范围、缔约国国内规制权及具体措施的实施与彼此合作等方面做出了更为积极的安排，以促进区域内自然人的自由流动。①

在自由化措施领域，经济全球化催生了服务领域的自由贸易发展，此乃贸易自由化在服务行业的直接体现。此类自由化能助力各国把握各自服务领域的相对优势，推动专业化作业，从而提升效益和利用规模经济，助力相关服务部门快速成长。自由贸易引入的竞争环境，一方面能驱动服务品质提升、革新管理和降低成本，另一方面能促进先进技术和管理知识的导入，以提升服务行业的技术和专业度。而一个国家内部对服务贸易的官方监管，或者说对该贸易的政策调控，极大地影响着国际服务贸易自由化的进程。例如，近年来，我国已签署的自贸协定中均未包含棘轮条款与暂停条款。在制定区域服务贸易自由化机制过程中，我国引入多个创新机制，如在协议中分别设立服务贸易规则及投资规则、提出建立服务贸易紧急保障制度、设置服务贸易政策审议机制及要求特定地区的缔约对象提供服务原产地证明的规则。②

在保障机制领域，保障机制从根本上讲是一种带有"撤离条文"特点的条款，起着一种保险丝（安全装置）的作用。若从保障机制的本质及其旨在实现的功能来审视，服务贸易领域亦须构建相应的保障机制体系。GATS 第 10 条明确指出，所有成员方都应当遵循非歧视原则，就服务行业的紧急保护措施开展跨国协商，并形成相应制度规定。服务贸易紧急保障机制的

① 马冉. 贸易区域化背景下 RCEP 自然人流动条款研究 [J]. 湖南师范大学社会科学学报, 2022, 51（4）：72-81.

② 邹鹄擎. 中国参与区域服务贸易自由化的机制与对策研究 [J]. 中国商论, 2022（13）：73-75.

构建是区域服务贸易自由化进程中一个具备典型的"GATS+"特征的制度创新因素。区域服务贸易中，明确设定实施服务贸易紧急保障机制的实体要件，包括紧急保障机制的适用范围、启用条件、实施步骤和可供采取的措施类型等。① 例如，我国与发达经济体缔结的区域服务贸易中，就涉及了与多边服务紧急保障机制谈判结果挂钩的紧急保障机制，在我国和新西兰缔结的区域服务贸易安排中多构建具有实质内容的服务紧急保障机制。

在透明度原则领域，透明度原则与最惠国待遇原则、国民待遇原则一样，都是 WTO 的基本原则。透明度原则不仅涉及 WTO 协议和区域自贸协定的各个领域，无论是发达国家成员还是发展中国家成员都要遵守，而且符合普遍性的要求。多边贸易体系致力打造一个既公平又公正，同时兼顾自由的全球贸易框架，透明度原则正映射出此宗旨。该原则包涵诸多内容，如要求公布普遍适用的商贸政策、设定咨询机构，以及创建对贸易政策的评审流程等。

透明度原则同样确保了国际服务贸易的公正性，它不但能满足外国服务供应商对监管方面的期待，同时也在监察国内法规遵循情况方面发挥着重要作用。

透明度原则在多边自贸协定的文件中具有法律强制性，任何成员均需受其约束，否则将会受到相应的制裁。从 GATS 到 CPTPP 等各类地域性商贸合作框架，再到本土控制的相关共同

---

① 周念利，蒋丽梅. 区域服务贸易紧急保障机制的主要特征、争议焦点与中国对策 [J]. 国际经贸探索，2014，30（4）：109-118.

提案，本国监管的透明度原则已经由仅涉及资讯明晰稳步转变为包括制度的清晰度在内，越过了单向性的信息公示，迈向了双向互动的更新层面。例如，RCEP 与 CPTPP 在一定层面上填补了 GATS 在管理透明度规范上的空缺，并加强了各成员在透明度方面的责任。

本章在我国已签署的数份双边自由贸易协定中，分区域选择有代表性的自贸协定为研究对象。首先计算这些标志性的自贸协定中服务行业交易规则的深化程度指标，其次对比分析不同地区自贸协定中服务贸易规定的包容性评分指数以及这些规则的实施效力评分指数。通过分析可以了解我国已签署的代表性自贸协定服务贸易规则的水平状况。

1. 区域性自由贸易协定服务贸易条款的领域划分与深入程度解析

观察我国具有代表性的自由贸易协定内容，发现第 8 章服务贸易涉及最惠国和国内待遇的相关规定，而第 9 章则阐述了有关个人短期跨境活动的规则。此外，针对金融、电信和专业服务方面，服务贸易章节的附件分别进行了详尽的阐释。这方面的规定较之前我国签署的自贸协定有了显著的进步。然而，这些服务贸易规则的详尽程度和不同领域内的具体规定如何，仅从文本上进行分析很难有一个明确和形象的认识，也不适合与其他国家的区域贸易协定进行比较分析。因此，对于我国服务贸易规则总体与各分支领域的深度评估是非常必要的。

表 3-1 展示了我国签署的代表性自贸协定在服务贸易规则

细分领域深度水平的具体表现，通过比较其 11 个细分领域的深度水平赋分，可以总结出以下特征。

第一，纵向比较来看，以中国—瑞士自贸协定、中国—韩国自贸协定、中国—澳大利亚自贸协定为例，其 11 个细分领域的深度水平平均赋分值比总体平均赋分值高，但不同细分领域间的赋分差异较大。

从表 3-1 中可以看到，代表性的 3 个自贸协定的平均深度水平赋分为 25 分，特别是在某些细分领域，如"国内监管"，该细分领域的赋分甚至能达到 6 分以上，但也有某些细分领域的赋分非常低，如"自由化措施"和"协定结构"细分领域的平均赋分为 0 分和 1 分。这说明在细分领域的深度水平上，我国倾向于首先在自贸协定内容上进一步开放，然后在此基础上再考虑某些敏感的细分领域，也只是做到了"点到为止"。

第二，横向比较来看，细分领域的深度水平赋分总计不低，但在不同细分领域的表现不同。

从表 3-1 中可以看到，代表性的 3 个自贸协定细分领域的深度水平赋分平均值为 25 分，其大部分细分领域赋分明显偏低，大致分布在 1 分到 3 分之间，只有"国内监管"细分领域的深度水平得分都不低于 6 分，这说明我国在服务贸易规则某些细分领域的深度水平赋分还有提高的空间。

第三，在 3 个代表性的自贸协定的细分领域侧重上，展现出了与各个自贸协定情况特点相契合的特征。

表 3-1　代表性自贸协定中服务贸易规则细分领域深度水平比较

（单位：分）

签署方	非歧视原则	国内监管	例外规定	自然人移动	实质性规则	部门排除	自由化措施	政策排除	保障机制	协定结构	透明度原则	总计
内地—澳门	2	1	2	0	2	1	0	0	2	1	1	12
内地—香港	2	1	3	0	1	1	0	2	1	1	2	14
中国—东盟	1	5	2	0	3	1	0	2	2	0	2	18
中国—新西兰	2	5	3	1	3	2	0	3	3	0	3	25
中国—新加坡	2	5	2	1	2	2	0	3	2	1	2	22
中国—智利	1	6	2	1	2	3	0	2	1	0	3	21
中国—秘鲁	2	6	3	1	2	2	0	3	1	0	2	22
中国—澳大利亚	1	6	3	2	4	2	0	3	1	0	3	25
中国—冰岛	1	6	2	1	2	2	0	1	3	1	3	22
中国—瑞士	2	7	3	1	2	2	0	2	2	1	2	24
中国—韩国	2	6	3	2	3	2	0	3	1	1	3	26

资料来源：作者根据 Hofmann 等（2017）和李杨等（2022）研究的测算结果进行了整理。

中韩自贸协定细分领域的深度水平赋分为 26 分，是我国所有区域自贸协定中最高的，其"国内监管"细分领域的赋分在 11 个细分领域中超过了其他 10 个细分领域的平均值。其原因在于，中韩两国的服务贸易规则内容深度水平相当，多年来的经贸往来也形成了很强的互补性，且地缘相近、人文相通，使得双方更容易在某些领域达成相同水平。

2. 自由贸易协定服务贸易规则覆盖程度和服务贸易规则执行程度水平分析

本部分以我国签署的区域自由贸易协定中关于服务贸易的条款为例，在借鉴 Hofmann 等（2017）的工作成果的基础上，对其服务贸易规则深度的测算方法进行了改进。对原先的规则涵盖情况与执行程度的考量方式进行了优化，将规则覆盖程度与规则执行程度分析转化为判断与选择模式，并改进了选择部分的计分准则，使其更突出服务贸易谈判中的关注焦点，更符合当今服务贸易规则谈判的发展方向。具体的测算体系构建如下。

首先，服务贸易规则覆盖程度的计分标准（见表 3-2），主要包括非歧视原则、国内监管、例外规定、自然人移动等 11 个领域 44 项计分标准。对应自贸协定文本进行查找分析后，肯定答案计 1 分，否定答案计 0 分，该部分总计 44 分。以"非歧视原则"部分为例，若协定文本中包含最惠国待遇条款则计 1 分，不包含则计 0 分，若包含国民待遇义务则计 1 分，不包含则计 0 分，所以"非歧视原则"细分领域最高为 2 分。

表 3-2　服务贸易规则覆盖程度的计分标准

规则领域	评分内容	分值	总计
非歧视原则	是否包含最惠国待遇条款	1	2
	是否有国民待遇义务	1	
国内监管	是否要求缔约方主管当局将有关申请的决定通知申请人	1	9
	是否需要主管部门在一定期限内做出许可决定	1	
	是否包含互认条款	1	
	缔约方是否必须以合理、客观和公正的方式管理这些条款	1	
	是否包含有关资格、许可和技术标准的规定	1	
	资格、许可和技术标准措施是否需要进行必要性测试	1	
	必要性测试是否适用于其他类型（超出许可、资格和技术标准）的措施	1	
	是否有义务为提交申请设立单一窗口	1	
	是否有规定要求缔约方的主管当局提供有关申请状态的信息	1	
例外规定	协议是否包括一般例外	1	4
	其他例外是否适用于服务部门或措施	1	
	该协议是否包含金融服务的审慎例外	1	
	协议是否允许安全例外	1	
自然人移动	是否有关于自然人在场范围的具体规定	1	2
	关于自然人移动的章节或附件是否涵盖特定类别的专业人员	1	

续表

规则领域	评分内容	分值	总计
实质性规则	协议各方能否做出额外承诺	1	10
	是否包含不适用于出口相关行为要求的义务	1	
	是否包括随着时间的推移逐步开放特定部门或交易的义务	1	
	是否包含不适用于本地内容相关的行为要求的义务	1	
	是否包含禁止以本地存在作为跨境提供服务先决条件的规定	1	
	是否包含约束垄断的条款	1	
	是否有其他涵盖新兴议题的条款	1	
	是否包含不在其他领域应用相关要求的义务	1	
	是否存在不要求高级管理人员具有国籍或居住地要求的特定义务	1	
	是否包含不适用于技术转让相关的要求的义务	1	
部门排除	是否排除空中交通权（跨境航空运输）条款	1	3
	对于航空运输，是否排除特种航空服务或机场运营服务等	1	
	是否排除了为行使政府权力而提供的服务	1	
自由化措施	是否包含棘轮条款	1	2
	是否包含暂停条款	1	
政策排除	是否排除了政府采购	1	3
	是否排除了对求职者身份及居住权的规定	1	
	是否排除了补贴	1	

续表

规则领域	评分内容	分值	总计
保障机制	是否有规定允许采取措施应对国际收支困难	1	3
	是否有规定允许在特定部门和/或模式中采取紧急保障行动	1	
	是否有允许重新谈判具体承诺或保留的条款	1	
协定结构	是否有针对特定行业的章节	1	3
	在投资或跨境服务贸易章节的附件中是否有针对特定行业的规定	1	
	协议是否包含阐明投资章节/协议与其他章节之间的层级/关系的条款	1	
透明度原则	是否有规定要求公布相关法律法规或将法律法规提供给相关人员	1	3
	是否有义务设立一个独立的上诉机构	1	
	是否有义务让利益相关方有机会对拟议的法规进行事先评论	1	
总计		44	

资料来源：作者根据 Hofmann 等（2017）和李杨等（2022）研究的测算结果进行了整理。

其次，规则执行程度的计分标准（见表3-3），包括市场准入、争端解决、国内监管及商业存在4个细分领域下的5个问题。问题与答案的设定主要参考了 Hofmann 等（2017）的规则执行程度分析方法，计分原则根据服务贸易规则谈判的发展走向进行了相应设定。以"市场准入的定义"问题为例，若协定规定与 GATS 的定义相同，则计0分；若协定根据北美自由贸易协定的定义设定，即参考5项禁止的市场准入限制，并省略外国股权限制，则计 1 分；若协定中没有关于市场准入的限制，即对市场准入限制不做规定，则计 2 分，该问题最高得分为 2 分。

表 3-3　服务贸易规则执行程度的计分标准

规则领域	评分内容		分值
市场准入	市场准入的定义	基本根据 GATS 中的定义	0
		根据北美自由贸易协定的定义	1
		没有关于市场准入的限制	2
	对于市场准入等约束措施的规定方式	正面清单	0
		正面清单和负面清单相结合	1
		负面清单	2
争端解决	是否有争端解决条款适用于服务贸易章节	国家间争端解决	0
		投资者—国家争端解决	1
		两者都有	2
国内监管	是否规定在实现合法目标时可应用监管措施条款	否定在实现合法目标时可应用监管措施条款	0
		限于资质、许可和技术标准	1
		适用于多种类型的监管	2
商业存在	协议一方的服务供应商在通过商业存在提供服务的情况下法人是否必须	根据另一方国内法设立，并在成员境内有实质性经营活动	0
		根据另一方国内法设立	1
		由另一方的自然人或法人拥有或控制，并有实质性经营活动	2
		由另一方的自然人或法人拥有或控制	3

资料来源：作者根据 Hofmann 等（2017）和李杨等（2022）研究的测算结果进行了整理。

最后，将以上两部分的分值进行加总，得到各自贸协定中服务贸易规则的深度指数。

基于前文构建的测算体系与计分原则，在对代表性的 3 个自贸协定的文本进行分析后，得到其中服务贸易规则分别以覆盖程度与执行程度进行衡量的深度指数，如表 3-4 和表 3-5 所示。

表 3-4　代表性自贸协定服务贸易规则覆盖程度的比较

（单位：分）

签署方	非歧视原则	国内监管	例外规定	自然人移动	实质性规则	部门排除	自由化措施	政策排除	保障机制	协定结构	透明度原则	总计
中国—瑞士	2	7	3	1	2	2	0	2	2	1	2	24
中国—澳大利亚	1	6	3	2	4	2	0	3	1	0	3	25
中国—韩国	2	6	3	2	3	2	0	3	1	1	3	26

表 3-5　代表性自贸协定服务贸易规则执行程度的比较

（单位：分）

签署方	市场准入	争端解决	国内监管	商业存在	总计
中国—瑞士	0	0	1	0	1
中国—澳大利亚	1	1	1	1	4
中国—韩国	0	0	1	0	1

观察表 3-4 的测算结果可以发现，相较于我国目前已经签署的其他自贸协定，中韩自贸协定中服务贸易规则的覆盖程度更高，即规则深度水平更高，中澳与中瑞自贸协定服务贸易规则的覆盖程度和规则深度得分相同。同时，从细分领域的覆盖程度来看，相较于中韩自贸协定，中瑞自贸协定在国内监管、

自然人移动、实质性规则、政策排除、保障机制等细分领域存在不均衡，在非歧视原则、例外规定、部门排除、自由化措施、协定结构等细分领域没有差异。

从服务贸易规则细分领域的具体问题来看，在例外规定方面，中韩自贸协定中对于金融服务的审慎例外规则的内容设置得较多，例如，协定中包括一般例外，也允许安全例外等。也有涉及第 12 章投资的其他例外规定。中澳和中瑞自贸协定对于金融审慎例外的内容差不多。

在实质性规则方面，中瑞自贸协定中细分领域的内容较为缺乏，甚至缺少对部分细分规则的安排。例如，实质性规则方面共涉及 10 个细分领域的赋分内容，而中瑞自贸协定只涉及 2 个方面的赋分内容。

在我国参与的所有自由贸易协定中，共同未包含的一个特定细分领域是自由化措施。此现象的主要缘由在于，目前我国尚未建立棘轮和暂停这两种条款。然而，这些条款已经成为发展中国家在服务贸易规则磋商中通用的策略工具。

通过上述对比，结合协定文本分析可以发现，我国所签署的自贸协定越来越关注的服务贸易的细分领域为国内监管、政策排除、透明度原则、非歧视原则等多个议题，这些领域的规则深度水平较高。同时，自由化措施、部门排除、协定结构等细分领域的深度水平较低。另外，与我国签署自贸协定的发达国家，大部分深度水平的赋分都比我国签署的自贸协定的赋分水平高得多。

从表 3-5 所呈现的服务贸易规则执行程度的对比数据可知，

中瑞、中韩自由贸易协定的服务贸易规则的执行程度水平偏低。

从执行程度的细分领域看，在市场准入方面，中澳自贸协定采取了"正面清单+负面清单"的市场准入模式，首次形成了"一正一负"的模式，即我方对澳方以正面清单模式开放，澳方对我方以负面清单模式开放，这是一个不小的突破。

在争端解决方面，我国采用"措施+仲裁庭"的争端解决模式。即所有协定都采取了混合解决的争端解决模式，在磋商不成时设立仲裁庭或成立专家组进行裁定，同时鼓励在任何时候采用斡旋、调解和调停等政治解决模式作为替代方式。①

在商业存在方面，中瑞自贸协定中就有具体承诺，瑞方在法律服务、工程和集中工程服务等领域进一步提高了开放水平，新增了对管理咨询及与其相关的所有服务全部开放的承诺，未来中资管理咨询企业可通过跨境、设立商业存在等形式在瑞士开展市场营销、人力资源、公共关系、旅游开发等咨询业务。

总体来说，我国自贸协定服务贸易规则执行程度比服务贸易规则覆盖程度水平更低，在部分细分领域的执行程度水平也相对较低。从长远来说，这些涉及服务贸易的自贸协定条款程度水平的提高，有利于我国与更多国家签署自贸协定，也更有利于实现贸易自由化与经济全球化。通过现有双边协定，在有共同利益的领域开展并适时深化合作。

---

① 见《亚洲各自由贸易协定中争端解决机制的比较分析》，https://www.thepaper. cn/newsDetail_forward_11456958。

3.3 我国区域自由贸易协定服务贸易规则的评价

在上一节内容中，虽然对整体的自贸协定服务贸易规则的覆盖程度和执行程度进行了说明，但并未用覆盖程度指数进行详细的比较分析。因此，本节将以我国签署的代表性自贸协定中服务贸易领域为例，直接展示和分析协定文本中涉及覆盖程度核心要件的具体内容。通过这样的分析，一方面能解决现有文本核心要件"具体化"的问题，另一方面也能对每一核心要件加以了解。

1. 我国代表性自由贸易协定服务贸易规则覆盖程度比较

为了使分析更有条理性，本研究将依次对 3 个代表性自贸协定共同的覆盖程度指数所涉及的 11 个核心要件内容的具体信息进行比较分析。

（1）非歧视原则。

遵循非歧视原则的主要组成要素，依据 Hofmann 等（2017）及李杨等（2022）的探索成果，非歧视原则可以归纳为 2 项基本分支：最惠国待遇、国民待遇义务。

在区域服务贸易协定中有一种方式就是引入最惠国待遇。同时，服务贸易规则的多边化进程是以优惠贸易条款的非歧视原则来推动的。例如，有一种方式是在已有的协定中纳入新成员，还有一种方式是用包含更多成员的协定替代已有协定。[①]

代表性自贸协定在非歧视原则领域的核心要件分布见表3-6，其中"赋分"是指该条款在自贸协定服务贸易条款中是否包含所涉及的最惠国待遇和国民待遇的核心要件内容。

表3-6　代表性自贸协定非歧视原则领域的核心要件比较

核心要件	赋分	中韩	占比/%	中澳	占比/%	中瑞	占比/%
最惠国待遇	1	1	50	0	0	1	50
国民待遇义务	1	1	50	1	50		50
总计	2	2	100	1	50	2	100

资料来源：作者参考 Hofmann 等（2017）和李杨等（2022）的研究结果进行了整理。

从表3-6中可以看到，3个自贸协定文本都涉及"国民待遇义务"条款的核心要件，这反映出"国民待遇义务"领域谈判的敏感性和困难程度不高。

从整体自贸协定非歧视原则的核心要件覆盖程度的情况来看，中韩、中瑞自贸协定占比为100%，中澳自贸协定占比为50%。尽管这3个自贸协定对"国民待遇义务"均有相应的条文规定，但在"最惠国待遇"相关核心条款的数量上仍显不足。

（2）国内监管。

国内监管所涉及的核心要件内容，参考 Hofmann 等（2017）和李杨等（2022）的研究结果，分为9个部分：是否要求缔约方

---

① BALDWIN R, LOW P. Multilateralizing regionalism: challenge for the global trading system [M]. Cambridge: Cambridge University Press, 2009: introduction, 1.

主管当局将有关申请的决定通知申请人，是否需要主管部门在一定期限内做出许可决定，是否包含互认条款，缔约方是否必须以合理、客观和公正的方式管理这些条款，是否包含有关资格、许可和技术标准的规定，资格、许可和技术标准措施是否需要进行必要性测试，必要性测试是否适用于其他类型（超出许可、资格和技术标准）的措施，是否有义务为提交申请设立单一窗口，是否有规定要求缔约方的主管当局提供有关申请状态的信息。代表性自贸协定国内监管领域的核心要件的覆盖程度如表 3-7 所示。

表 3-7　代表性自贸协定国内监管领域的核心要件比较

核心要件	赋分	中韩	占比/%	中澳	占比/%	中瑞	占比/%
是否要求缔约方主管当局将有关申请的决定通知申请人	1	1	11.1	1	11.1	1	11.1
是否需要主管部门在一定期限内做出许可决定	1	1	11.1	1	11.1	1	11.1
是否包含互认条款	1	1	11.1	1	11.1	1	11.1
缔约方是否必须以合理、客观和公正的方式管理这些条款	1	1	11.1	1	11.1	1	11.1
是否包含有关资格、许可和技术标准的规定	1	1	11.1	1	11.1	1	11.1
资格、许可和技术标准措施是否需要进行必要性测试	1	0	0	0	0	0	0

续表

核心要件	赋分	中韩	占比/%	中澳	占比/%	中瑞	占比/%
必要性测试是否适用于其他类型（超出许可、资格和技术标准）的措施	1	1	11.1	1	11.1	1	11.1
是否有义务为提交申请设立单一窗口	1	0	0	0	0	1	11.1
是否有规定要求缔约方的主管当局提供有关申请状态的信息	1	0	0	0	0	0	0
总计	9	6	66.7	6	66.7	7	77.8

资料来源：作者参考 Hofmann 等（2017）和李杨等（2022）的研究结果进行了整理。

从整体的核心要件覆盖程度占比来看，中韩、中澳自贸协定占比为 66.7%，中瑞自贸协定占比为 77.8%。可以看到 3 个代表性自贸协定国内监管领域的核心要件占比都达到了 50% 以上。

（3）例外规定。

例外规定所涉及的核心要件内容可以分为 4 个部分：协议是否包括一般例外、其他例外是否适用于服务部门或措施、该协议是否包含金融服务的审慎例外、协议是否允许安全例外。代表性自贸协定例外规定领域的核心要件的覆盖程度如表 3-8 所示。

表 3-8　代表性自贸协定例外规定领域的核心要件比较

核心要件	赋分	中韩	占比/%	中澳	占比/%	中瑞	占比/%
协议是否包括一般例外	1	1	25	1	25	1	25

核心要件	赋分	中韩	占比/%	中澳	占比/%	中瑞	占比/%
其他例外是否适用于服务部门或措施	1	0	0	0	0	0	0
该协议是否包含金融服务的审慎例外	1	1	25	1	25	1	25
协议是否允许安全例外	1	1	25	1	25	1	25
总计	4	3	75	3	75	3	75

资料来源：作者参考 Hofmann 等（2017）和李杨等（2022）的研究结果进行了整理。

从整体的例外规定领域的核心要件覆盖程度占比来看，3 个自贸协定的占比都为 75%。在此情况下，特别突出的是"该协议是否包含金融服务的审慎例外"，这种特殊排除在金融服务领域的交易中是极为关键的，它普遍融入了许多自由贸易协定中。我国所签署的绝大多数自由贸易协定均接纳此制度模式。例如，中瑞自由贸易协定第 8.15 条、中韩自由贸易协定第 9.5 条，都在金融服务相关的附件或特设章节中，为承认审慎政策设置了具体的限制性规则，展现了规定的明确度和严谨性。

（4）自然人移动。

自然人移动所涉及的核心要件内容分为 2 个部分：是否有关于自然人在场范围的具体规定、关于自然人移动的章节或附件是否涵盖特定类别的专业人员。代表性自贸协定自然人移动领域的核心要件的覆盖程度如表 3-9 所示。

表 3-9　代表性自贸协定自然人移动领域的核心要件比较

核心要件	赋分	中韩	占比/%	中澳	占比/%	中瑞	占比/%
是否有关于自然人在场范围的具体规定	1	1	50	1	50	0	0
关于自然人移动的章节或附件是否涵盖特定类别的专业人员	1	1	50	1	50	1	50
总计	2	2	100	2	100	1	50

资料来源：作者参考 Hofmann 等（2017）和李杨等（2022）的研究结果进行了整理。

　　从整体的自然人移动领域的核心要件覆盖程度占比来看，中韩、中澳自贸协定占比为 100%，中瑞自贸协定占比为 50%。可以看到 3 个自贸协定自然人移动领域的核心要件覆盖程度占比都不低于 50%。特别是，中韩双方就签证便利化、临时入境准予、透明度、自然人移动委员会等方面设定了相关义务。考虑到韩国劳动市场的特殊性和敏感性，以及两国双向贸易和投资的巨大潜力，该章节与我国以往签署的自贸协定的自然人移动章节略有不同，重点就双方具有共同关注的签证便利化和投资促进做出了对等的优惠安排，为有利于两国人员流动，密切两国经济融合，促进双向贸易和投资创造了有利条件。[①]

　　（5）实质性规则。

　　实质性规则所涉及的核心要件内容涵盖 10 个方面，分别是：协议各方能否做出额外承诺、是否包含不适用于出口相关

---

　　① 见《中国—韩国自贸协定 50 问》，http://fta.mofcom.gov.cn/channel/consultation.shtml。

行为要求的义务、是否包括随着时间的推移逐步开放特定部门或交易的义务、是否包含不适用于本地内容相关的行为要求的义务、是否包含禁止以本地存在作为跨境提供服务先决条件的规定、是否包含约束垄断的条款、是否有其他涵盖新兴议题的条款、是否包含不在其他领域应用相关要求的义务、是否存在不要求高级管理人员具有国籍或居住地要求的特定义务、是否包含不适用于技术转让相关的要求的义务。代表性自贸协定实质性规则领域的核心要件的覆盖程度如表 3-10 所示。

表 3-10　代表性自贸协定实质性规则领域的核心要件比较

核心要件	赋分	中韩	占比/%	中澳	占比/%	中瑞	占比/%
协议各方能否做出额外承诺	1	1	10	1	10	1	10
是否包含不适用于出口相关行为要求的义务	1	0	0	0	0	0	0
是否包括随着时间的推移逐步开放特定部门或交易的义务	1	0	0	0	0	0	0
是否包含不适用于本地内容相关的行为要求的义务	1	0	0	1	10	0	0
是否包含禁止以本地存在作为跨境提供服务先决条件的规定	1	0	0	0	0	0	0
是否包含约束垄断的条款	1	1	10	1	10	1	10
是否有其他涵盖新兴议题的条款	1	0	0	0	0	0	0
是否包含不在其他领域应用相关要求的义务	1	0	0	1	10	0	0

核心要件	赋分	中韩	占比/%	中澳	占比/%	中瑞	占比/%
是否存在不要求高级管理人员具有国籍或居住地要求的特定义务	1	1	10	0	0	0	0
是否包含不适用于技术转让相关的要求的义务	1	0	0	0	0	0	0
总计	10	3	30	4	40	2	20

资料来源：作者参考 Hofmann 等（2017）和李杨等（2022）的研究结果进行了整理。

中韩自由贸易协定中一个关键条款涉及"是否存在不要求高级管理人员具有国籍或居住地要求的特定义务"，在这一条款的指导下，我国的快递公司在提供国际快递服务（包含航空及海洋运输）时，无须在韩国成立地方办公室，可以直接在韩国进行运营。这不仅限于国际业务，还包括所有韩国邮政系统法律未专门保留的本土快递服务范围。而在中澳和中瑞自贸协定中并没有涉及相关内容。

总结来看，3 个代表性自贸协定在实质性规则领域的覆盖程度占比都不高，表明现阶段自贸协定可执行性条款太少。在复杂标准下操作性极强的实质性规则领域，协定很可能面临需要再次修订和磋商的局面。

（6）部门排除。

部门排除所涉及的核心要件内容分为 3 个部分：是否排除空中交通权（跨境航空运输）条款；对于航空运输，是否排除特种航空服务或机场运营服务等；是否排除了为行使政府权力而提供的服务。代表性自贸协定部门排除领域的核心要件的覆盖程度如表 3-11 所示。

表 3-11 代表性自贸协定部门排除领域的核心要件比较

核心要件	赋分	中韩	占比/%	中澳	占比/%	中瑞	占比/%
是否排除空中交通权（跨境航空运输）条款	1	1	33.3	1	33.3	1	33.3
对于航空运输，是否排除特种航空服务或机场运营服务等	1	1	33.3	1	33.3	1	33.3
是否排除了为行使政府权力而提供的服务	1	0	0	0	0	0	0
总计	3	2	66.7	2	66.7	2	66.7

资料来源：作者参考 Hofmann 等（2017）和李杨等（2022）的研究结果进行了整理。

如表 3-11 所示，从整体的部门排除领域的核心要件覆盖程度占比来看，中韩、中澳、中瑞自贸协定占比均为 66.7%。

严格来说，以上 3 个自由贸易协定都对行业特定的剔除内容做了详尽的规定，包括"是否排除空中交通权（跨境航空运输）条款"以及"对于航空运输，是否排除特种航空服务或机场运营服务等"，显示了各方在确立合理公正的行业排除政策上的积极态度。同时，在遵循 WTO 基本准则的同时，也适当考虑了各成员在全球经济治理体系中的影响力，以促进共赢互利的发展格局。但在"是否排除了为行使政府权力而提供的服务"方面，没有深入涉及具体内容。

（7）自由化措施。

自由化措施所涉及的核心要件内容分为 2 个部分：是否包

含棘轮条款、是否包含暂停条款。

在自由化政策框架内，涵盖的"不可逆条款"意味着在协定承诺范围内，那些放开的限制措施将被固定下来，即不能够回撤或改变。举个例子，美澳之间的自由贸易协定，允许双方维持一些不完全符合国民待遇原则和最惠国待遇原则的特定条款。尽管如此，这些条款不得被进一步限制，并且如果一方放宽了特定条款，让其更接近国民待遇或最惠国待遇的要求，那么此后便不可以再次对其施加限制，这便是所谓的"棘轮条款"。

如表 3-12 所示，中韩、中澳、中瑞自由贸易协定中未包含"棘轮条款"和"暂停条款"。然而，在 2022 年中国、新西兰和澳大利亚三方共同签订的 RCEP 中，确实设立了棘轮原则，这一原则基于国际法的规定，明确要求成员方必须不断扩大其市场开放程度，并且不允许撤销先前的开放承诺，为成员方特别是发展中国家成员持续增进开放提出了严明的准则。在 RCEP 体系下，特别强调要求其发展中国家成员将服务业和投资领域的开放从正面清单模式转变成负面清单模式。另外，在谈判阶段，要求一些国家对包括旅游、建筑设计、教育及航空运输在内的关键领域进一步扩宽市场准入。

表 3-12　代表性自贸协定自由化措施领域的核心要件比较

核心要件	赋分	中韩	占比/%	中澳	占比/%	中瑞	占比/%
是否包含棘轮条款	1	0	0	0	0	0	0
是否包含暂停条款	1	0	0	0	0	0	0
总计	2	0	0	0	0	0	0

资料来源：作者参考 Hofmann 等（2017）和李杨等（2022）的研究结果进行了整理。

在中瑞自贸协定的服务贸易方面，瑞方在签证、工作许可和居留许可的受理发放方面，首次同意规定办理时限，且同意与中方开展中医药合作对话，并在旅游、翻译等领域做出了进一步开放的承诺。

（8）政策排除。

政策排除方面的关键因素已被明确划分为 3 大领域，根据 Hofmann 等（2017）和李杨等（2022）的研究成果，这些领域包括：是否排除了政府采购、是否排除了对求职者身份及居住权的规定，以及是否排除了补贴。

如表 3-13 所示，从整体的政策排除领域的核心要件覆盖程度占比来看，中韩、中澳自贸协定占比为 100%，中瑞自贸协定占比为 66.7%。

表 3-13　代表性自贸协定政策排除领域的核心要件比较

核心要件	赋分	中韩	占比/%	中澳	占比/%	中瑞	占比/%
是否排除了政府采购	1	1	33.3	1	33.3	1	33.3
是否排除了对求职者身份及居住权的规定	1	1	33.3	1	33.3	1	33.3
是否排除了补贴	1	1	33.3	1	33.3	0	0
总计	3	3	100	3	100	2	66.7

资料来源：作者参考 Hofmann 等（2017）和李杨等（2022）的研究结果进行了整理。

尤其值得关注的是，在探讨政策范畴时所提到的"政府采购是否被划外"的议题时，观察我国近年来签署的自由贸易协定可以发现，自 2013 年起，我国逐步打破了此前一贯将政府采购问题排除在自由贸易协定谈判之外的常态。在诸多自贸协定中，我国已经开始与协定方就政府采购领域的市场准入等议题进行交涉，其中中韩自贸协定与中澳自贸协定便涵盖了这方面的内容。同时，在 RCEP 中，我国首次签署涉及"政府采购"章节的实质性条款。相比其他自由贸易协定，尽管 RCEP 对于政府采购市场的开放程度有所限制，既缺乏具体的开放承诺，也没有采购程序上的相关内容，但 RCEP 依旧表明了我国对"政府采购"持开放和积极态度。

（9）保障机制。

在阐述安全卫生措施基本组成时，借鉴 Hofmann 等（2017）和李杨等（2022）的研究成果，将其主要因素划分为 3 个范畴：是否有规定允许采取措施应对国际收支困难，是否有规定允许在特定部门和/或模式中采取紧急保障行动，是否有允许重新谈判具体承诺或保留的条款。

如表 3-14 所示，从整体的保障机制领域的核心要件覆盖程度占比来看，中韩、中澳自贸协定占比为 33.3%，中瑞自贸协定占比为 66.7%。

表 3-14　代表性自贸协定保障机制领域的核心要件比较

核心要件	赋分	中韩	占比/%	中澳	占比/%	中瑞	占比/%
是否有规定允许采取措施应对国际收支困难	1	1	33.3	0	0	1	33.3
是否有规定允许在特定部门和/或模式中采取紧急保障行动	1	0	0	1	33.3	1	33.3

续表

核心要件	赋分	中韩	占比/%	中澳	占比/%	中瑞	占比/%
是否有允许重新谈判具体承诺或保留的条款	1	0	0	0	0	0	0
总计	3	1	33.3	1	33.3	2	66.7

资料来源：作者参考 Hofmann 等（2017）和李杨等（2022）的研究结果进行了整理。

（10）协定结构。

依据 Hofmann 等（2017）和李杨等（2022）的研究成果，协定结构所触及的关键条款细节大致分为 3 类：是否有针对特定行业的章节，在投资或跨境服务贸易章节的附件中是否有针对特定行业的规定，协议是否包含阐明投资章节/协议与其他章节之间的层级/关系的条款。

如表 3-15 所示，从整体的协定结构领域的核心要件覆盖程度占比来看，中韩、中瑞自贸协定占比为 33.3%，中澳自贸协定占比为 0。

表 3-15　代表性自贸协定协定结构领域的核心要件比较

核心要件	赋分	中韩	占比/%	中澳	占比/%	中瑞	占比/%
是否有针对特定行业的章节	1	1	33.3	0	0	0	0
在投资或跨境服务贸易章节的附件中是否有针对特定行业的规定	1	0	0	0	0	1	33.3
协议是否包含阐明投资章节/协议与其他章节之间的层级/关系的条款	1	0	0	0	0	0	0

续表

核心要件	赋分	中韩	占比/%	中澳	占比/%	中瑞	占比/%
总计	3	1	33.3	0	0	1	33.3

资料来源：作者参考 Hofmann 等（2017）和李杨等（2022）的研究结果进行了整理。

具体而言，中韩自贸协定涉及了"是否有针对特定行业的章节"内容。我国以往签署的自由贸易协定通常包含服务贸易和人员流动的标准章节，未专门划分出金融服务和电信服务章节。在中韩自由贸易协定的磋商中，为了构建一个高水准、优质的贸易协定，创新引入了金融服务和电信服务两个独立章节，这一举措旨在专门针对与服务贸易紧密相连、对国家经济和人民生活至关重要的复杂领域。

中瑞自由贸易协定涵盖了一项内容，对在投资或跨境服务贸易章节的附件中是否有针对特定行业的规定做出了具体说明。例如，瑞方同意与中方成立钟表合作工作组，在钟表领域同中方开展改进售后服务、加强我国钟表检测能力和开设钟表培训学校等方面的交流与合作，有助于增强我国钟表行业的生产能力和国际竞争力。双方承诺开展中医药合作对话，推动中医药"走出去"。

（11）透明度原则。

依据 Hofmann 等（2017）和李杨等（2022）的调研成果，透明度原则可概括为 3 个方面：是否有规定要求公布相关法律法规或将法律法规提供给相关人员，是否有义务设立一个独立的上诉机构，是否有义务让利益相关方有机会对拟议的法规进行事先评论。

如表 3-16 所示，从整体的透明度原则领域的核心要件覆盖程度占比来看，中韩、中澳自贸协定占比为 100%，中瑞自贸协定占比为 66.7%。

表 3-16　代表性自贸协定透明度原则领域的核心要件比较

核心要件	赋分	中韩	占比/%	中澳	占比/%	中瑞	占比/%
是否有规定要求公布相关法律法规或将法律法规提供给相关人员	1	1	33.3	1	33.3	1	33.3
是否有义务设立一个独立的上诉机构	1	1	33.3	1	33.3	1	33.3
是否有义务让利益相关方有机会对拟议的法规进行事先评论	1	1	33.3	1	33.3	0	0
总计	3	3	100	3	100	2	66.7

资料来源：作者参考 Hofmann 等（2017）和李杨等（2022）的研究结果进行了整理。

2. 我国代表性自由贸易协定服务贸易规则执行程度比较

本部分以我国签署的 3 个代表性自贸协定中服务贸易领域的内容为例，直接展示和分析协定文本中涉及执行程度核心要件的具体内容。通过这样的分析，一方面能解决现有文本核心要件"具体化"的问题，另一方面也能对每一核心要件加以了解。为了使分析更有条理性，将依次对 3 个代表性自贸协定共同的服务贸易规则的执行程度指数所涉及的 4 个核心要件的内容具体信息进行比较分析。

（1）市场准入。

依据 Hofmann 等（2017）和李杨等（2022）的研究成果，进入市场的核心要件可以划分为 2 大类：市场准入的定义，对于市场准入等约束措施的规定方式。评分标准以"市场准入的定义"为例，若协定中的定义与 GATS 相吻合，则为 0 分；如果沿用美国自由贸易协定中的界定，借鉴其中 5 种禁止性市场进入限制，并且忽略对外国投资者股份比例的限定，则为 1 分；若协定文本对市场进入未设限制，即未做出任何相关规定，则为 2 分。

如表 3-17 所示，从整体的市场准入领域的核心要件执行程度得分来看，中韩、中瑞自贸协定得 0 分，中澳自贸协定得 1 分。

表 3-17　代表性自贸协定市场准入领域的核心要件比较

核心要件	赋分	中韩	中澳	中瑞
市场准入的定义				
基本根据 GATS 中的定义	0	0	0	0
根据北美自由贸易协定的定义	1			
没有关于市场准入的限制	2			
对于市场准入等约束措施的规定方式				
正面清单	0	0		0
正面清单和负面清单相结合	1		1	
负面清单	2			
得分		0	1	0

资料来源：作者参考 Hofmann 等（2017）和李杨等（2022）的研究结果进行了整理。

　　具体来说，3 个自由贸易协定均有涉及"市场准入"的核心要件，例如，中韩、中瑞自贸协定采用了正面清单的形式；而中澳自贸协定则采用了正面清单和负面清单相结合的形式，澳大利亚是全球首个向我国承诺采用负面清单的形式进行服务贸易的国家，我国向澳大利亚提供服务业的开放则是依据"正面清单"的形式进行的。

　　（2）争端解决。

　　根据 Hofmann 等（2017）和李杨等（2022）的研究成果，争端解决的核心要件涉及 3 个方面，分别是：国家间争端解决，投资者—国家争端解决，两者都有。关于评分机制，国家间争端解决，得 0 分；投资者—国家争端解决，得 1 分；如果涵盖了上述 2 个方面，则可以得 2 分。

　　如表 3-18 所示，从整体的争端解决领域的核心要件执行程度得分来看，中澳自贸协定得 1 分，中韩、中瑞自贸协定得 0 分。

表 3-18　代表性自贸协定争端解决领域的核心要件比较

核心要件	赋分	中韩	中澳	中瑞
国家间争端解决	0	0		0
投资者—国家争端解决	1		1	
两者都有	2			
得分		0	1	0

　　资料来源：作者参考 Hofmann 等（2017）和李杨等（2022）的研究结果进行了整理。

　　具体来讲，3 个自贸协定都涉及了"争端解决"核心要件内容，例如，对涉及"国家间争端解决"的内容中，主要体现在中韩、中瑞自贸协定中，而中澳自贸协定涉及的"投资者—国家争端解决"，主要体现在协定的第9章第3条规定的"国民待遇"标准上。针对两国间的投资者，在起诉的权利上，他们只拥有一项重要的法定权益，即如果被投资国的政府未能确保外籍投资者与国内投资者间的投资享有平等的对待，那么外籍投资者便有权启动法律程序。

（3）国内监管。

参考 Hofmann 等（2017）和李杨等（2022）的研究成果，国内监管所包含的核心要件可以分为3个方面，分别是：否定在实现合法目标时可应用监管措施条款，限于资质、许可和技术标准，适用于多种类型的监管。其赋分方法为：否定在实现合法目标时可应用监管措施条款，计0分；限于资质、许可和技术标准，计1分；适用于多种类型的监管，计2分。

如表3-19所示，从整体的国内监管领域的核心要件执行程度得分来看，3个自贸协定的得分均为1分。

表3-19　代表性自贸协定国内监管领域的核心要件比较

核心要件	赋分	中韩	中澳	中瑞
否定在实现合法目标时可应用监管措施条款	0			
限于资质、许可和技术标准	1	1	1	1
适用于多种类型的监管	2			
得分		1	1	1

资料来源：作者参考 Hofmann 等（2017）和李杨等（2022）的研究结果进行了整理。

具体来讲，3 个自由贸易协定均涉及国内监管的核心要件内容。例如，涉及"限于资质、许可和技术标准"的范畴，主要反映在各国或各地区针对质量、卫生、安全、环境保护、合格鉴定等技术规范体系的制定，涵盖了标准制定、法令、技术评估流程、合格认证系统等方面。

（4）商业存在。

参考 Hofmann 等（2017）和李杨等（2022）的研究成果，商业存在的核心要件可以分为 4 个方面，分别是：根据另一方国内法设立，并在成员境内有实质性经营活动；根据另一方国内法设立；由另一方的自然人或法人拥有或控制，并有实质性经营活动；由另一方的自然人或法人拥有或控制。在此基础上制订的评分方法是：根据另一方国内法设立，并在成员境内有实质性经营活动，得 0 分；根据另一方国内法设立，得 1 分；由另一方的自然人或法人拥有或控制，并有实质性经营活动，得 2 分；由另一方的自然人或法人拥有或控制，得 3 分。

如表 3-20 所示，从整体的商业存在的核心要件执行程度得分来看，中澳自贸协定得 1 分，中韩、中瑞自贸协定得 0 分。

表 3-20　代表性自贸协定商业存在领域的核心要件比较

核心要件	赋分	中韩	中澳	中瑞
根据另一方国内法设立，并在成员境内有实质性经营活动	0	0		0
根据另一方国内法设立	1		1	

续表

核心要件	赋分	中韩	中澳	中瑞
由另一方的自然人或法人拥有或控制，并有实质性经营活动	2			
由另一方的自然人或法人拥有或控制	3			
得分		0	1	0

资料来源：作者参考 Hofmann 等（2017）和李杨等（2022）的研究结果进行了整理。

具体来讲，3 个自贸协定都涉及"商业存在"的核心要件内容。例如，中韩、中瑞、中澳自贸协定中对于规制形式以及服务贸易规则和投资规则在商业存在领域的相互关系，表现如下：中韩自贸协定的商业存在为双重规制形式，有完整的服务贸易规则和投资规则，商业存在既受服务贸易规则调整，又受部分投资规则调整。中澳自贸协定为单一的服务贸易规制形式，虽有完整的服务贸易规则和投资规则，但商业存在被排除在投资领域之外。中瑞自贸协定中未明确在投资领域将商业存在纳入规制范围，仅为框架性规定。

3. 小结

通过审视我国与 3 个主要代表性伙伴签署的自由贸易协定中关于服务贸易规则的包含情况，我们可以得出这样的推论：就服务贸易规则覆盖程度而言，中韩自由贸易协定在覆盖范围上展现出比其他自贸协定更为广泛的内容，并且在规则深化方面也表现出较高的程度。

经过前面的比较分析，我们可观察到工业化国家缔结的自由贸易协定日益重视金融、电信和数字交易等新领域议题，并对这些新兴行业的规章做了更深入的细化。同时，对航空服务和人员跨境流动的规则也做出了更精确的规定。

第 *4* 章

**我国区域自由贸易协定服务贸易
规则存在的问题及改进方案**

4.1　我国区域自由贸易协定服务贸易规则存在的问题

　　区域服务贸易自由化已经成为当今国际贸易发展的重要趋势，国际高标准的经贸规则已经逐渐在跨境服务贸易领域展开实施。以 CPTPP 为代表的新一代区域贸易协定设定了高标准的跨境服务贸易开放规则，使我国在跨境服务贸易领域面临很大的挑战。我国已于 2024 年 3 月正式发布了《跨境服务贸易特别管理措施（负面清单）》（2024 年版）和《自由贸易试验区跨境服务贸易特别管理措施（负面清单）》（2024 年版），相关措施从 2024 年 4 月 21 日起施行。

　　我国已签署的区域自贸协定对于服务贸易规则的设计普遍参考 GATS 体例，部分区域自贸协定中的定义和条款与 GATS 原文一样，承诺清单的内容也与 2001 年加入 WTO 时的内容一致。

我国参考了国际其他地区和国家的高标准自由贸易协定，例如在中澳自贸协定中就大量引入和参考了 CPTTP 的条文内容。特别是在服务贸易领域，澳大利亚首次以负面清单形式向我国单方承诺开放高标准相关服务市场。

但是，我国跨境服务贸易规则无论是在国内层面还是在国际层面，都尚未达到促进跨境服务贸易自由化的要求，主要表现为国内层面的市场准入限制较多，国际层面即区域自贸协定中关注的内容较少，以及单就审慎例外条款而言，我国尚未形成一致性的意见。关于我国区域自贸协定服务贸易领域存在的问题，本研究归纳和总结了以下几个方面的内容。

1. 高标准开放的服务贸易领域受限

2001 年我国加入了 WTO，同年加入了《曼谷协定》（现为《亚洲—太平洋贸易协定》）。截至 2024 年 5 月，我国共与 30 个国家和地区签署了 23 个自贸协定。在服务贸易的开放领域，主要基于国际公约或协议所涉及的现有自由贸易协定中实施的条款内容，向签署协定的成员方承诺市场准入机会和平等对待原则，通常此种承诺的内容都采用积极的正面清单的形式罗列出来。例如，我国于 2024 年 3 月发布的《境外服务贸易特别管理措施（负面清单）》（2024 年版）中涉及了建筑业，批发和零售业，交通运输、仓储和邮政业，信息传输业、软件和信息技术服务业，金融业，租赁和商务服务业，科学研究和技术服务业，教育，卫生和社会工作，文化、体育和娱乐业等多个重要的产业门类。与以 CPTPP 为典型代表的高标准新兴区域自贸协定相比，服务贸易领域中的金融审计业、社会服务业、生物资源服务业、人文及社会科学研究服务业、文化产业和新业态服务业、航空服务及移民服务业等的开放程度还是相对受限的。

2. 涉及服务贸易领域的标准水平较低

我国已签署的区域自贸协定的服务贸易规则与 GATS 模式下的服务贸易规则的一大差别在于涉及的服务贸易标准水平。我国并没有形成专门针对跨境服务贸易的规则谈判，其有关服务贸易规则的谈判大多参考了 GATS 的体例和内容。我国代表性自贸协定服务贸易领域的标准比较见表 4-1。

表 4-1　代表性自贸协定服务贸易领域的标准比较

自贸协定	服务贸易章节构成	市场准入条款	非歧视待遇条款	审慎例外条款
中国—澳大利亚自贸协定	同 GATS	同 GATS	同 GATS	同 GATS
中国—韩国自贸协定	同 GATS	同 GATS	同 GATS	同 GATS
中国—新西兰自贸协定	同 GATS	同 GATS	同 GATS	同 GATS
中国—瑞士自贸协定	同 GATS	同 GATS	同 GATS	同 GATS
中国—新加坡自贸协定	同 GATS	同 GATS	同 GATS	同 GATS
RCEP	同 GATS	同 GATS	同 GATS	同 GATS

资料来源：作者参考 Hofmann 等（2017）和黄琳琳（2020）的研究结果进行了整理。

我国代表性区域自贸协定所涉及的服务贸易章节标准水平和 GATS 一致，可以看出其与 CPTPP 高标准的区域自由贸易协定还存在一定的差距。但我国结合现阶段经济发展实际和开放需求，针对服务贸易领域的自然人职业资格、专业服务、金融、文化等领域进一步做出承诺，主动扩大开放程度。例如，在金融服务领域，中国—韩国自贸协定单独设有金融服务章节，规定了金融机构的市场准入条款，直接将审慎规制条款命名为"审慎例外"，并没有单独涉及跨境金融服务贸易。①

3. 涉及服务贸易相关监管与执法的法律法规不完善

我国涉及境外服务贸易监管的相关法律法规与国际标准相比还不完善。例如，我国实施的《对外贸易法》《保险法》《外资银行管理条例》《互联网信息服务管理办法》《外商投资电信企业管理规定》等涉及服务贸易监管的法律法规中，有关透明度和对国内外资本平等对待的原则与国外的高水平经济和贸易准则相比仍有一定的距离。国内一些服务行业存在垄断经营的现象，市场竞争压力不足，既不符合 CPTPP 的反垄断和非商业援助要求，也削弱了行业内经营者的开放意愿，可能会对相关制度改革造成阻碍。众所周知，监管与执法是跨境服务贸易管理制度的后续工作，其主要职责是对跨境服务贸易市场进行监管和执法。具体来讲，其目标是对涉嫌擅自提供禁止跨境服务的企业进行封堵和处罚，保证各国在跨境服务贸易中的合法权益和公平竞争。

数字服务贸易已成为最活跃的服务贸易形态，特别是依托互联网平台进行的教育、医疗、咨询、数字金融等跨境交付模式的国际服务贸易发展迅速，对监管的需求也急剧增长。世界

---

① 黄琳琳. FTAs 中跨境金融服务贸易规则研究 [D]. 上海：华东政法大学，2020.

主要经济体在开放数字服务贸易方面都纷纷加强审慎监管。例如，欧盟已出台数字服务法案、数字市场法案等多部法律，强化对数字跨境服务贸易的监管。但我国对跨境远程提供服务和数字服务等重要问题的立法明显滞后于实践发展。

我国已发布了《数据安全法》《个人信息保护法》以及与数字经济相关的数据管理规定等。例如，在《数据出境安全评估办法》和《促进和规范数据跨境流动规定》中虽然涉及了确定关键数据的定义、实施层级化数据监督和管理以及数据跨境传输等方面的内容，但由于这些领域的法治建设还不够成熟，尚未达到国际高标准的完善的法律监管体系水平。

4.2　我国区域自由贸易协定服务贸易规则的改进方案

在我国已签署的 23 个自贸协定中，服务贸易的开放水平相对于发达国家的自贸协定水平仍存在差距。特别是，绝大部分的区域自贸协定中服务贸易的开放仍然是采用正面清单的方式进行管理。在国际贸易发生深刻变革的背景下，我国的区域自贸协定需构建与国际高标准经贸规则相衔接的跨境服务贸易开放制度体系，通过提升国内规制能力和国际规则制定与运用水平，主动适应服务贸易发展的新要求。同时，以自主开放方式，建立和完善跨境服务贸易负面清单管理制度，有利于我国主动对标国际高标准经贸规则。本研究在以下 3 个方面提出我国区域自贸协定服务贸易领域的改进方案。

1. 关注新一代国际服务贸易规则的重要议题

截至 2024 年 5 月，我国已签署了 23 个自贸协定，还有 10 个区域自贸协定处于谈判之中。其中，我国第一个做出跨境服务贸易负面清单承诺的自贸协定是 2024 年 1 月 1 日正式生效的《中国—尼加拉瓜自由贸易协定》。我国在与新加坡进一步升级自贸协定的谈判中，也使用跨境服务贸易负面清单的方式做出开放承诺。2022 年 1 月生效的 RCEP 中也明确规定，包括我国在内的部分成员将在协定生效 6 年内以负面清单的方式承诺服务贸易的开放。

在具有代表性的高标准区域自贸协定如 CPTPP 中，服务贸易随着"跨境支付""境外消费"和"自然人移动"等方式正向"数字化"转型。这一过程中，涉及服务贸易数据的国际传输、专业资质的互认以及商业人士的短期跨境访问等议题正逐渐成为议程中最核心的部分。我国区域自贸协定服务贸易领域应持续顺应国际服务贸易发展新趋势，聚焦新形势下的跨境服务贸易重点问题，建立健全对跨境支付和自然人移动等服务贸易模式的政策激励与法律保障机制，推动实现市场与规则导向的国内监管环境。[①]

我国在区域自贸协定服务贸易领域的谈判中，应积极推动

---

① 彭德雷，孙安艺. 跨境服务贸易制度型开放：趋势、特征与策略 [J]. 开放导报，2024（1）：51-59.

服务贸易领域的最新专业标准和措施要求的互认。例如,我国和尼加拉瓜签署的自贸协定的服务贸易领域包含我国首个金融服务的负面清单。在其金融服务负面清单中,我国提出了 9 条现行的不符措施,覆盖银行、保险、金融资产管理公司、其他银行业金融机构、资产管理、证券公司、证券投资基金、期货、证券基金投资咨询等领域;以及 9 条可能采取的不符措施,覆盖跨境贸易、保险经纪、新金融服务、政策性与开发性金融、社会服务和中小企业、金融服务、金融市场基础设施及交易场所、金融信息服务、养老金管理机构等领域。

在全球服务贸易数字化的新趋势下,在数字服务贸易发展与跨境数据流动方面,了解我国与协定国之间的服务贸易数字化转型的实际需求,细分服务贸易行业或分部门出台有针对性的数字化战略指引,推动服务贸易与数字经济深度融合。

进一步完善相关服务贸易领域的立法和修法,积极考虑引入新一代 CPTPP 等区域贸易协定内容中涉及的与服务贸易相关的预先立法协商机制,允许利害关系方参与、评议立法草案,对重要和实质性意见予以回复,增强立法和决策程序的透明度。[1]

2. 优化服务贸易领域的协商模式

以 CPTPP 等新一代区域贸易协定为国际服务贸易的新惯例标准,优化我国现有的跨境服务贸易协商的新模式。同时,纳

---

[1] 彭德雷,孙安艺. 跨境服务贸易制度型开放:趋势、特征与策略 [J]. 开放导报,2024 (1):51-59.

入国内法律依据和未来可能保留或加强的限制措施等关键内容，并列明特别管理措施具体适用的行业部门范围和对应的义务（如国民待遇、最惠国待遇、市场准入、当地存在等），提高负面清单管理的规范性和透明度。例如，在我国所有的自由贸易试验区内，其开放水平将超越国内其他区域，允许非中国籍的外国人从事证券投资顾问服务；同时也允许非中国籍的外国人参与期货交易咨询服务。特别是放宽了海外人员可申请开设证券或期货账户的特殊政策。此外，取消了外籍人士不得考取我国房产评估师、城乡规划师、勘察设计注册工程师以及注册监理工程师等专业资格考试的约束。在文化服务领域，针对合拍影视剧具有中国国籍的主演成员所占比例从不少于1/3下调至不少于1/4的限制要求。

因我国各地的服务贸易发展水平和地方政府监管水平存在一定的差距，以CPTPP中涉及的服务贸易负面清单为例，特别以附件形式对各地方政府的额外限制措施予以列明。我国以服务贸易领域的负面清单形式进行自贸协定谈判时，应考虑以CPTPP的标准形式对国内部分地区的服务贸易予以特殊保护。同时，以适当形式对部分服务贸易领域予以特殊保护。

从CPTPP的普遍做法来看，涉及国家安全、重大民生和核心技术的服务贸易领域受到最多的开放限制。因此，我国在加大服务贸易领域开放的同时，应将国际经贸规则中的"一般例外条款""安全例外条款""保障条款""国际收支条款""金融审慎条款"等例外规定载入负面清单，避免出现在WTO框架下因未在"入世"承诺中载明可以援引例外条款，而无法对国内市场和企业进行合理保护的被动局面。例如，国家安全、公共秩序、社会公共服务和就业、移民、专业服务（专利代理、公证、法律服务等）、教育服务、运输服务、通信服务和关键设施制造与维修服务等方面。

同时，积极参与国际服务贸易规则和标准的制定，特别是在我国"一带一路"国际合作建设中不断积累和强化主动引领国际规则、标准制定所需的人才、经验和技术，争取更大的国际制度建构话语权。积极采取 CPTPP 的模式，将服务贸易和投资放在同一张负面清单中，负面清单的格式也采取与 CPTPP 等高标准自贸协定相同的模式。尤其是发挥规则与标准制定的引领作用。这也是"稳步扩大规则、规制、管理、标准等制度型开放"的重要体现。

3. 加快营造市场化、法治化、国际化的服贸营商环境

服务贸易在全球贸易中扮演着不可或缺的角色，不仅是国际经济与贸易协作的关键领域，而且具有生态友好型、绿色低排放型、高知识集约型、创造高附加价值型及扩散效应型等特性。坚持推进互利合作与共同繁荣的跨境服务贸易开放，也关乎我国的高质量发展。

一方面，应依托服务业扩大开放试点战略，吸引国际大型服务贸易企业集聚。为了面向国际社会开放高标准的自贸区市场，要提高服务贸易的规范化程度，稳定有序地推进国内层面的对外开放，加速推动服务贸易数字化方面的新动力成长。同时，应当继续与各国签署互惠自贸协定，共同打造以市场机制

为导向的国际服务贸易产业开放合作示范区与注重国际合作的服务贸易国际协作示范园区，不仅可以基于资源、人力、资金和技术等核心要素实现相互补充及协同效应，而且可以深化双边或多边在服务贸易领域的创新与发展。

在此基础上，我们应充分利用 WTO 等国际性及多边合作框架，借鉴 CPTPP 等新兴的高标准区域自贸协定内的正面清单和负面清单制度，并对标其在外国投资和跨境服务贸易方面所涉及的负面清单规范标准。

基于国际自贸协定层面的高标准实践，我国在外国投资管理和跨国服务贸易的风险防范方面，应通过设计灵活的保护性政策、强化外资与外贸审查流程、完备相关法律规定以及优化具体规则等手段，提升对负面清单的国内外监管效能。

同时，提升我国仲裁与司法机构的国际纠纷解决能力，与国际主要仲裁机构和司法机构保持沟通与合作，就对外投资和服务贸易领域的民商事纠纷提供高效、公正的处理渠道，保障中外当事人进行财产保全、证据保全等临时措施的申请和执行。就技术遏制、外资安全审查、数字服务贸易发展等议题开展对话，完善跨境服务贸易治理的法律框架。必要时，我国政府应协调和支持企业等主体利用他国国内司法或国际争端解决程序进行维权行动，最大限度地减轻企业面临的服务贸易政策合规风险与不确定性。

4.3 我国区域自由贸易协定服务贸易规则
后续谈判的应对方案

我国正着力于构建和完善国际服务贸易领域的负面清单标准体系，并在国内自由贸易试验区内率先试运行，逐步推广至全国。同时不断提升对外服务贸易的开放程度，并建设以高标准为基准的服务贸易开放制度，推行多项革新策略。这是我国主动对标国际高标准经贸规则和推进制度型开放的重要举措，也是我国积极推进和建设开放型世界经济体的承诺。

近年来，我国逐步优化已签署的自贸协定中相关服务贸易规则的标准，还在经济实力允许的限度内与国际高标准区域贸易协定对标，为加入 CPTPP 等高自由化程度的经贸协定做好充分准备，并在以下 2 个方面积极落实行动。

第一，对接国际高标准经贸规则。2013 年起，我国颁布了一系列针对外商投资企业的市场进入条款，也就是所谓的限制性负面清单。基于这一系列规定，我国执行了一种新机制，即在提供给外资的国民待遇中加入负面清单，这一策略有效地推动了投资行业开放程度的逐步提升。在同一时期内，基于我国签署的国际条约和协定，我国向其他合约方提供了相应的市场准入和平等待遇，这些通常采用更具包容性的正面清单的方式来表达。当前，采用负面清单明确划定跨境服务贸易的自由化界限，已经演变成国际上用于设定高标准自贸协定中该领域规则的普遍手段。

第二，体现高水平开放要求。根据相关数据分析，近几年来，世界范围内跨境服务贸易的平均年增长率达到了同期实物商品贸易增长率的 1.5 倍，其在全球贸易中的份额也增至 22%。随着数字技术的快速发展，各领域数字化转型持续深入，跨境服务贸易的潜力得到进一步激发，成为全球贸易增长的重要引擎。我国服务贸易规模位居世界前列，市场潜力巨大。我国把跨境服务业务中的市场准入限制条目进行整理汇编，形成了一套全国通用的负面清单机制。该机制将过去分散在不同领域的准入限制统一列明，在清单以外的区域，对境外的服务供应者及其所提供的服务实行相同的管理标准，这显著提高了跨境服务贸易的透明度和可预测性。同时，考虑到我国发展的实际情况和对外开放的需要，在自贸试验区，我国对个人职业资格、多样化的专业服务、金融以及文化产业等领域进一步放宽了准入限制，积极扩大了对外开放的范围。这既展现了我国持续增进开放的决心，也表明了我国在制度型开放领域持续深化的发展方向。

1. 负面清单模式的合理化应用

我国在 2001 年加入 WTO 时，是以正面清单的方式来承诺对服务贸易领域进行开放的，这是我国加入 WTO 体系后进行区域自贸协定谈判的基础，但现阶段仍停留在 GATS 的正面清单标准水平。

我国于 2024 年 3 月发布了《跨境服务贸易特别管理措施（负面清单）》（2024 年版），该措施为在自由贸易区内进行高度开放的协定谈判提供了规范操作的依据。此举除引用了 CPTPP 等高水准国际协定的成功做法外，还整合了现代化的负面清单协商手段，其宗旨在于不断优化并提升负面清单管理的质量。例如，我国以往以国内负面清单作为对外谈判的基础，但未涉及相关服务领域。自 2012 年起，我国启动了 RCEP 的磋商，在该过程中，对于非服务行业的外国投资限制性措施名录谈判坚守以《外商投资准入特别管理措施（负面清单）》作为谈判依据。

在未来自贸协定服务贸易领域的谈判过程中，应当转变思路，进一步开放服务贸易的准入标准，同时探索准入后的特别限制措施。在考虑我国现阶段国情的条件下，选择适合我国服务贸易市场开放的负面清单模式。通过借鉴 CPTPP 等协定的高水平负面清单的谈判技术和经验，完善我国适用的负面清单模式。

简言之，为了达到开放服务贸易领域这一战略目标，现阶段需采用适当的负面清单模式。对此，我国可以参考 CPTPP 模式，在制定我国跨境服务贸易领域的负面清单的同时，辅之以正面清单来化解开放程度过高带来的风险。并且可参照"三分法模式"，对"商业存在"的跨境服务贸易的清单模式进行区别对待，既能妥善应对不同的方式面临的不同风险，又能与国际通行做法接轨，便于我国对外谈判的顺利推进。

2. 优化服务贸易相关法律规范框架

现阶段，我国应利用 WTO 等区域和多边国际经济合作的平台，就技术遏制、外资安全审查、数字服务贸易发展等议题开展对话，同时完善国内的跨境服务贸易治理的法律框架。[①] 制定相关服务贸易的法律规则是一个极其复杂的过程，需要国内法与国际法互相协调运作才能达到有效管理。

从国际层面来看，通常指自贸协定的服务贸易所涉及的数据流动以及数据存储规则。在区域自贸协定的国际规则中，例如，RCEP 中关于"信息转移和信息处理"涉及了服贸领域的金融数据跨境流动的规定。我国应当顺应数字化服务贸易的新发展趋势，完善金融数据跨境流动的相关法律法规。未来在自贸协定谈判中，放开相关服务贸易领域的商业化需求限制，使金融数据跨境流动，同时加强金融数据跨境流动的风险防范对策。

从国内层面来看，我国规制跨境服务贸易数据流动的法律包括《国家安全法》《网络安全法》，除此之外，针对相关金融行业的数据还涉及银行业、保险业、证券业相关法律法规中信息保护条款的规制。

3. 涉及服务贸易的章节与投资、金融服务章节相协调

在众多的国际自贸协定中，涉及服务贸易的章节与金融和

---

① 彭德雷，孙安艺. 跨境服务贸易制度型开放：趋势、特征与策略 [J]. 开放导报，2024（1）：51-59.

金融服务章节独立成章，凸显了服务贸易问题在国际贸易中的复杂性和特殊性，同时也是区域自贸协定发展的一大趋势。例如，CPTPP 中将涉及服务贸易领域的金融服务单独列为一章。

在我国已签署的含有诸多涉及服务贸易内容和金融服务内容的自由贸易协定中，服务贸易领域的条款构成并非一成不变。其中，有"混合"类型，即在服务贸易条款内不将金融服务排除在外，如《中国—瑞士自由贸易协定》；也有以附录形式将金融服务并入服务贸易条款的"附件"类型，如《中国—澳大利亚自由贸易协定》；还有将金融服务作为独立章节处理的"独立"类型，如《中国—韩国自由贸易协定》。这种不一致在一定程度上会对我国自由贸易战略的实施造成影响，也无法适应金融服务贸易在国际市场上地位日益重要的发展趋势。

因此，我国未来在进行自贸协定服务贸易领域谈判时，应当借鉴国际先进经验，根据伙伴国的情况，适当地将"投资"与"金融服务"作为服务贸易领域的专门章节予以规定。特别是，针对金融服务专章规定将会带来一个体系性问题，即金融服务章节虽然独立成章，但其与投资、服务贸易等章节具有密切联系，会出现金融服务贸易规则与投资规则相互渗透的现象。例如，在 CPTPP 中，投资章节和服务贸易章节明确规定了与金融服务贸易有关的投资不适用，但是在金融服务章节又将投资和服务贸易章节的有些规定引入其中。贸易规则和投资规则的交织必然增加规则适用的体系解释的难度，如何进行协调是我国升级自贸协定需要关注的问题。金融服务规则本身就是贸易规则、投资规则以及金融法律法规相关规则的集合体，我国应当根据本国金融服务贸易规则在规制上的取向，决定金融、贸易和投资"三元关系"的协调方式，使各类规则互为补充、相互映衬。①

---

① 彭德雷，孙安艺. 跨境服务贸易制度型开放：趋势、特征与策略 [J]. 开放导报，2024（1）：51-59.

第 5 章

结　论

　　本书通过对我国各类自贸协定的条款进行深刻解读并详细
比较分析，优化了现有的研究方法，对中韩、中澳、中瑞自贸
协定服务贸易的内容进行了精准的量化研究。在此基础上，本
书将我国代表性自贸协定中服务贸易规则与全球服务贸易标准
进行对比，并在比较结果的指导下，提出了以下政策建议。

　　第一，在拓展服务贸易的对外开放方面，应当更加丰富各
项专业服务种类，拓宽不同领域及其方式上的专业服务范畴。
可以学习发达国家在签署自由贸易协定时的经验，或参照《国
际服务贸易协定》（TISA）谈判时涉及的专业服务范围，更细致
地区分不同专业服务领域的开放差异性，积极探索在金融、电
信等专业服务领域以及其下属的子类别中，多样化的对外开放
模式。

　　第二，在地区及多边贸易经济协作方面，构建递进型磋商
与合作体系框架。要全面考量各协作主体在合作事项及磋商议
题上关注的重点差异，在意见统一的范畴内迅速形成一致意见，
对于有分歧的事项，则通过运用暂缓协议等手段推动合作，以
便逐步建构协作机制和架构。同时，这一体系对于防止发达国

家对我国将来的某些新兴服务模式或者领域进行过度开放也具有一定的预防效果。

第三，确立我国在数字服务贸易核心领域的开放界限，努力赢得制定数字贸易准则的主导权。关于数字贸易的核心议题，既涉及西方国家等发达地区比较注重的数据本土化、信息流动性等议题，也涵盖对我国及其他发展中国家来说更为紧迫的数字产品交易等议题。在发达国家关注的议题上界定开放限度，在我国重视的议题上阐述明确立场，积极推动构建相关议题的规范，主动呈现我国在这些领域所持的开放态度及标准。

第四，进一步放宽对外资企业进入市场的限制，深入分析并讨论在区域经济与贸易合作框架下实现市场进入的负面清单策略。可以参考我国若干自由贸易区和开展服务业开放试验的城市对外国投资者市场准入的相关规定，以期进一步减缩商务活动上的制约性条文。同时，可以取法于具有高标准的自贸协定中的"不一致条款"模式，从而提升我国在区域经济与贸易合作中的市场准入的自主性和弹性。

虽然本书对我国代表性自贸协定进行了数据收集，并进行了指标测度研究，但受制于数据缺失等情况，仍然存在一些不足之处。在本研究的基础上，可以将以下几个方向作为后续研究的方向。

第一，测度范围的拓展。在本书现有的测度层面，由于相关数据缺失、承诺方式表述不一等原因，部分协定文本未纳入自贸协定层面的测度范围。随着协定文本数据信息的不断丰富，与承诺模式的逐步统一，这类协定文本的量化在我国未来的自贸协定服务贸易领域的开放测度将进一步完善。

第二，测度方法的改进。本书在现有研究的基础上，采用了最新的认可度较高的测度方法，力求测度方法的客观性，但在协定文本内容的计分原则方面，在一定程度上不可避免地受到研究者主观赋分因素的影响。随着服务贸易领域新业态模式不断出现，本书中服务贸易领域的测度指标分类也将得到进一步的细化和优化。

第三，分析样本的不断扩充。我国已签署了 23 个自贸协定，与 WTO 数据库中全球数千个自贸协定样本相比，数量上相对不足。随着我国加入 WTO 之后与越来越多的国家进行自贸协定谈判，我国自贸协定服务贸易领域的样本和数据将不断扩充，这也有助于后续运用相关数据进一步验证相关分析结论。

参考文献

[1] 阿廷吉尔, 恩德斯, 李建南. 《服务贸易总协定》的适用范围及其影响 [J]. 国外财经, 1997 (2): 78-86.

[2] 卞海丽. 我国区域贸易协定中服务贸易自由化的经济效应评估: 基于 CAFTA 升级版的研究 [D]. 南京: 东南大学, 2016.

[3] 蔡丽. 新形势下中日韩服务贸易自由化分析 [D]. 济南: 山东财经大学, 2019.

[4] 陈东. 论《服务贸易总协定》框架下的法律服务对外开放: 兼论中国的立法取向 [J]. 国际经济法学刊, 2002, 6 (2): 116-135.

[5] 陈东. 也论《服务贸易总协定》(GATS) 框架下的法律服务对外开放: 兼论中国的立法取向 [J]. 东南学术, 2001 (6): 115-123.

[6] 陈靓. 从 GATS 到 TiSA: 全球服务贸易自由化规则的建构与中国的选择 [M]. 上海: 上海人民出版社, 2018.

[7] 陈宽. 区域经济一体化下的中国服务贸易自由化研究 [D]. 苏州: 苏州大学, 2013.

［8］陈宽. 中国区域服务贸易自由化政治经济分析［J］. 合作经济与科技，2012（5）：86-87.

［9］单文宣. 我国国际旅游服务贸易自由化法律研究［D］. 上海：华东政法大学，2016.

［10］邓晓雄. 试论《服务贸易总协定》对我国服务业的影响及法律对策［J］. 重庆社会科学，1999（1）：40-45.

［11］郭丽华. WTO《服务贸易总协定》对我国高等教育的要求、影响及对策［J］. 黑龙江高教研究，2002（4）：10-12.

［12］侯富强，王衡.《服务贸易总协定》与我国银行监管法律变革［J］. 深圳大学学报（人文社会科学版），2001（3）：68-74.

［13］胡超，李泰霖，邱悦. 区域贸易协定对全球价值链参与度的影响：基于区域贸易协定深度水平的视角［J］. 河北经贸大学学报，2024（3）：1-12.

［14］胡庆明. 论《服务贸易总协定》及其对我国的影响［J］. 重庆大学学报（社会科学版），2001，7（2）：35-39.

［15］胡焰初. WTO《服务贸易总协定》与中外合作办学的立法［J］. 武汉大学学报（社会科学版），2002（2）：140-144.

［16］胡振杰.《服务贸易总协定》关于资格及其承认问题的规定与我国相关承诺［J］. 法学评论，2002（2）：90-96.

［17］胡志敏. 中澳服务贸易自由化的动态一般均衡分析［D］. 长沙：湖南大学，2009.

［18］黄壮壮. 中日韩区域服务贸易自由化的制度设计［D］. 广州：广东财经大学，2014.

［19］纪小围. 北美自由贸易区服务贸易自由化的贸易效应研究［D］. 厦门：厦门大学，2009.

［20］ 姜爱丽. 《服务贸易总协定》与我国政府在对外劳务输出中的作用［J］. 山东财政学院学报, 2001（3）：52-56.

［21］ 蒋帅. 《服务贸易总协定》的税收例外探析［J］. 涉外税务, 2002（4）：32-35.

［22］ 蒋珠燕. 《服务贸易总协定》与我国服务贸易［J］. 苏州丝绸工学院学报, 1997（1）：53-57.

［23］ 景忠. 简述《服务贸易总协定》对我国服务贸易的影响［C］//江苏省律师协会. 中华全国律师协会国际专业委员会 2001 年年会论文集. ［出版地不详］：［出版者不详］, 2001：137-141.

［24］ 李丹. 亚洲区域服务贸易自由化的合作问题研究［D］. 大连：大连理工大学, 2012.

［25］ 李盾. 《服务贸易总协定》对世界服务贸易发展的影响［J］. 中国国情国力, 2003（4）：38-40.

［26］ 李芳. 中美区域服务贸易自由化机制比较分析［D］. 辽宁：东北财经大学, 2015.

［27］ 李慧中. 《服务贸易总协定》与上海率先发展服务贸易［J］. 世界经济文汇, 1999（1）：39-43.

［28］ 李江涛, 宋岚. 《服务贸易总协定》与我国金融业的市场准入［J］. 社会科学动态, 2000（10）：31-34.

［29］ 李墨丝. 区域服务贸易自由化的新趋向：基于 GATS 和 NAFTA 类型协定的比较［J］. 上海对外经贸大学学报, 2015, 22（3）：5-16, 56.

［30］ 李伟. 粤港澳服务贸易自由化若干法律问题研究［D］. 广州：广东财经大学, 2016.

［31］ 李雪麟. CAFTA 与 AFTA 服务贸易自由化对比研究［D］. 南

宁：广西大学，2019.

[32] 李易敏. 《服务贸易总协定》与中国服务贸易发展策略之法律研究 [D]. 大连：大连海事大学，2002.

[33] 李志仁. 加入 WTO 后对教育的新认识 [J]. 教育情报参考，2002（11）：10.

[34] 李智. 金融服务业与《服务贸易总协定》衔接构想 [J]. 现代法学，1998（6）：75-77.

[35] 林芬. RTAs 框架下印度服务贸易自由化分析与评估 [D]. 湘潭：湘潭大学，2015.

[36] 林晖，王千华. 《服务贸易总协定》主要条款在海运部门的运用 [J]. 集装箱化，1997（12）：14-17.

[37] 刘超. 解析《服务贸易总协定》中的最惠国待遇 [J]. 甘肃社会科学，2001（6）：47-50.

[38] 刘芳. 从《服务贸易总协定》看我国银行业入世后的对策 [J]. 云南财贸学院学报（经济管理版），2002（1）：26-27.

[39] 刘强. WTO 与电子商务：透视《服务贸易总协定》（GATS）[J]. 财经问题研究，2001（3）：49-52.

[40] 刘小燕. 《服务贸易总协定》与我国零售业的对外开放 [J]. 国际贸易问题，1999（10）：51-55.

[41] 刘怡孜. 试论区域性旅游服务贸易自由化 [D]. 深圳：深圳大学，2019.

[42] 卢梅生. 利用《服务贸易总协定》推进铁路运输走向市场 [J]. 中国铁路，1996（10）：8-12.

[43] 马晓玲. 国民待遇与《服务贸易总协定》[J]. 法律适用，2000（6）：19-21，44.

［44］孟夏，李俊. RCEP 框架下的服务贸易自由化［J］. 南开学报（哲学社会科学版），2019（1）：156-166.

［45］孟夏，于晓燕. 论中国区域服务贸易自由化的发展与特点［J］. 国际贸易，2009（9）：54-58.

［46］秦庆军，陈怀东. WTO《服务贸易总协定》解读［J］. 当代石油石化，2001，9（12）：41-44.

［47］秦庆军，陈怀东. 运用 WTO《服务贸易总协定》保护我国石油石化产业利益［J］. 当代石油石化，2001，9（5）：43-46.

［48］任际. 国际服务贸易法与《服务贸易总协定》：特质与宗旨［J］. 武汉大学学报（社会科学版），2002，55（4）：469-474.

［49］邵望予.《服务贸易总协定》与中国保险市场的对外开放［J］. 世界贸易组织动态与研究，1998（10）：7-11.

［50］沈铭辉，周念利. 亚洲区域经济合作新领域：区域服务贸易自由化［J］. 太平洋学报，2010，18（2）：66-74.

［51］孙皓琛. 入世与我国房地产服务贸易的发展：以《服务贸易总协定》为基础的探讨［J］. 国际贸易问题，2002（6）：17-20.

［52］孙艳新. FTA 框架下中国服务贸易自由化研究［D］. 大连：东北财经大学，2015.

［53］孙玉红. 中美区域服务贸易自由化机制的差异及经济利益分析［J］. 宏观经济研究，2015（7）：139-149.

［54］田园，程宝栋，赵亚平. 中巴自贸区服务贸易自由化机制分析［J］. 国际经济合作，2012（12）：45-48.

［55］田忠法. WTO《服务贸易总协定》概要［J］. 国际市场，2000（9）：34.

［56］万方，刘松.《服务贸易总协定》与中国金融开放的法律保护

[J]. 北方经贸, 2003 (3): 19-20.

[57] 汪利兵, 范冰. 高等教育的国际供给: 大学需要《服务贸易总协定》吗? [J]. 全球教育展望, 2003, 32 (3): 7-12.

[58] 汪倩. 论《服务贸易总协定》中的国民待遇 [J]. 国际经贸探索, 2000 (5): 27-29, 46.

[59] 王兵, 罗强. 《服务贸易总协定》与我国银行业的对外开放 [J]. 武汉金融, 2000 (2): 34-37.

[60] 王俊. ECFA 架构下两岸服务贸易自由化的制度设计 [J]. 苏州大学学报 (哲学社会科学版), 2012, 33 (3): 88-95.

[61] 王俊, 钱思义. 双轨并行: 中国服务贸易自由化的路径选择 [J]. 江苏社会科学, 2017 (1): 17-22.

[62] 王佩. WTO 中《服务贸易总协定》对国际保险业的影响 [J]. 国际商法论丛, 2000 (2): 102-130.

[63] 王绍媛. 对《服务贸易总协定》的研究与思考 [J]. 税务与经济 (长春税务学院学报), 2002 (1): 75-77.

[64] 王尧. 服务贸易自由化区域路径与中国的选择 [D]. 厦门: 厦门大学, 2009.

[65] 魏艳茹. 国际法视野中的高等教育服务贸易自由化 [J]. 广西大学学报 (哲学社会科学版), 2008 (4): 50-54.

[66] 温黎. 关于中国服务贸易自由化问题的研究: 基于区域经济一体化视角的分析 [J]. 中国市场, 2014 (31): 111-112.

[67] 吴成贤. 《服务贸易总协定》的承诺方式及困境 [J]. 国际贸易问题, 2001 (10): 9-13.

[68] 吴宏, 曹亮. 服务贸易自由化: 多边主义 VS 区域主义——一个新政治经济学的分析视角 [J]. 管理世界, 2009 (8): 165-166.

[69] 武娜, 张文韬. 区域贸易协定、服务贸易自由化与生产性服务业全球价值链 [J]. 南开经济研究, 2022 (5)：125-144.

[70] 向荣.《服务贸易总协定》与我国旅游业的发展 [J]. 杭州大学学报 (哲学社会科学版), 1997 (S1)：36-41.

[71] 谢慧. 中国服务贸易自由化的进展及对策 [J]. 现代商业, 2017 (34)：34-35.

[72] 徐锋. 加入 WTO 与我国休闲服务贸易的发展：基于《服务贸易总协定》的探索 [J]. 国际经贸探索, 2003 (1)：51-54.

[73] 叶梦晨. 服务贸易自由化对高技术产业出口技术复杂度的影响研究 [D]. 杭州：浙江工商大学, 2021.

[74] 于荣光, 王宏伟. 基于高水平开放推动中国服务贸易自由化研究 [J]. 贵州财经大学学报, 2023 (5)：1-11.

[75] 于荣光, 王宏伟. 以高水平开放推动中国数字服务贸易自由化 [J]. 河北经贸大学学报, 2024, 45 (2)：77-89.

[76] 俞冰, 古晓洪. 从《服务贸易总协定》看我国《电信条例》的几个法律问题 [J]. 国际贸易问题, 2001 (7)：44-47.

[77] 袁立波. 中日韩区域服务贸易自由化研究 [D]. 武汉：武汉大学, 2011.

[78] 曾奕. 浅析《服务贸易总协定》的逐步自由化思想 [J]. 经济师, 2003 (1)：15-16.

[79] 翟士尧, 许光建. 数字服务贸易自由化的出口促进效应研究 [J]. 中国商论, 2024 (4)：9-12.

[80] 张殿军.《服务贸易总协定》与中国国际海运服务立法研究 [D]. 大连：大连海事大学, 2002.

[81] 张瑞萍.《服务贸易总协定》基本原则评析 [J]. 当代法学,

1998（3）：12-14.

[82] 张瑞萍. 如何在我国实施 WTO《服务贸易总协定》[J]. 政治
与法律，2002（1）：64-68.

[83] 张淑喆. RTAs 框架下中印服务贸易自由化比较研究 [D]. 保
定：河北大学，2021.

[84] 张文韬. RTA 视角下服务贸易自由化对生产性服务全球价值链
的影响研究 [D]. 天津：天津财经大学，2022.

[85] 张小琳，姚新超. 服务贸易自由化的争议与中国的发展趋势
[J]. 国际经济合作，2013（5）：29-35.

[86] 张悦，崔日明. 美欧服务贸易自由化对中国经济的影响及对策
[J]. 理论学刊，2017（3）：80-86.

[87] 张正乾.《服务贸易总协定》及其影响 [J]. 泰安师专学报，
2001（2）：44-47.

[88] 周茂华. 服务贸易自由化对我国制造业企业出口技术复杂度的
影响 [D]. 长沙：湖南大学，2019.

[89] 周念利. RTAs 框架下的服务贸易自由化机制分析 [J]. 国际
贸易，2008（8）：59-62.

[90] 周念利，王颖然，姚远. 区域服务贸易自由化发展的 GATS+特
征分析 [J]. 经济经纬，2013（4）：60-65.

[91] 周念利，于婷婷，沈铭辉. 印度参与服务贸易自由化进程的分
析与评估：兼论中印自贸区服务贸易自由化构想 [J]. 南亚研
究，2012（4）：49-63.

[92] 朱文静. 服务贸易自由化对制造业企业价值链位置的影响研究
[D]. 杭州：浙江工商大学，2022.

[93] 邹全胜.《服务贸易总协定》对我国物流业的影响 [J]. 经济

论坛，2003（3）：58-60.

［94］邹彦林. 《服务贸易总协定》对我国的影响 ［J］. 宏观经济管理，2001（9）：18-20.

［95］邹鹄擎. 中国参与区域服务贸易自由化的机制与对策研究［J］. 中国商论，2022（13）：73-75.

附　录

附录1　《中国—新西兰自由贸易协定》第九章服务贸易

第一百零三条　定义

就本章而言：

商业存在是指以提供服务为目的，在一方境内建立的任何类型的商业或专业机构，包括：

（一）设立、收购或经营法人，或者

（二）设立或经营分支机构或代表处；

控制是指拥有任命大多数董事或其他以合法方式指导该法律实体行为的权力；

一方的法人是指根据适用法律适当组建或组织的任何法人实体，无论是否以营利为目的，无论属私营还是政府所有，包括任何公司、信托、合伙企业、合资企业、个人独资企业或协会，其为：

（一）根据该方法律组建或组织的、并在该方境内从事实质性商业经营的法人；或者

（二）对于通过商业存在提供服务的情况，则为：

1. 由该方自然人拥有或控制的法人；或者

2. 由第（一）项确认的一方法人拥有或控制的法人；

措施是指一方采取的法律、法规、规则、程序、决定、行政行为或任何其他形式的措施，包括：

（一）中央、地区或地方政府和主管机关所采取的措施；以及

（二）由中央、地区或地方政府或主管机关授权行使权力的非政府机构所采取的措施；

缔约方影响服务贸易的措施是指包括以下内容的措施：

（一）服务的购买、支付或使用；

（二）与服务提供有关的、缔约方要求向公众普遍提供的服务的获得和使用；

（三）一方个人为在对方境内提供服务的存在，包括商业存在；

服务的垄断提供者是指一方在形式上或事实上授权或确定的，在该方境内有关服务市场提供独家服务的任何人，而不论此人的公私性质；

一方的自然人是指一方法律规定的该方的公民或永久居民。在中方关于外国永久居民待遇的国内法颁布以前，各方对于对方永久居民的义务将仅限于 GATS 项下的义务范畴；

拥有是指在法人实体中持有超过百分之五十的股权；

一方的人是指一方的自然人或法人；

资格程序是指与管理资格要求相关的行政程序；

资格要求是指服务提供者为获得证书或许可需要达到的实质要求；

服务部门,对于具体承诺,是指一方减让表中列明的一项服务的一个、多个或所有分部门;在其他情况下,是指该服务部门的全部,包括其所有的分部门;

服务消费者是指接受或使用服务的任何人;

行使政府职权时提供的服务是指既不以商业为基础,也不与一个或多个服务提供者竞争的服务;

一方的服务提供者是指一方提供服务的任何人①;

服务的提供包括服务的生产、分销、营销、销售和交付;

服务贸易定义为:

(一)自一方境内向另一方境内提供服务(简称"跨境交付模式");

(二)在一方境内向另一方消费者提供服务(简称"境外消费模式");

(三)一方服务提供者通过在另一方境内以商业存在方式提供服务(简称"商业存在模式");

(四)一方服务提供者通过在另一方境内以自然人存在方式提供服务(简称"自然人流动模式")。

第一百零四条　目标

本章旨在以互利为基础,在透明和逐步自由化的条件下,促进扩大服务贸易。双方认识到政府在管理服务、提供与资助公共服务方面

---

① 如该服务不是由法人直接提供,而是通过分支机构或代表处等其他形式的商业存在提供,则该服务提供者(即该法人)仍应通过该商业存在被给予在本章项下给予服务提供者的待遇。此待遇应给予提供该服务的商业存在,但不需给予该服务提供者位于服务提供地境外的其他任何部分。

的作用；认识到有必要为此考虑国家政策目标和本地情况；认识到双方在服务管理的发展程度上存在的差异。

第一百零五条　范围

一、本章适用于双方采取或实施的影响服务贸易的措施。

二、本章不适用于：

（一）规范政府机构为政府目的进行服务采购的法律、法规、政策或普遍适用的程序，只要该服务采购不以商业转售或为商业销售提供服务为目的；

（二）行使政府职权时提供的服务；

（三）除第一百一十九条规定外一方提供的补贴或补助；

（四）影响自然人寻求进入一方就业市场的措施。

三、本章不适用于影响以下方面的措施：

（一）航权，无论以何种形式给予；

（二）与航权的行使直接有关的服务，但第四款规定的情形除外。

四、本章应当适用于影响以下方面的措施：

（一）航空器的修理和保养服务；

（二）空运服务的销售和营销；

（三）计算机订座系统（"CRS"）服务。

第一百零六条　国民待遇

一、对于列入承诺减让表的部门，一方应当依据其承诺减让表所列条件和资格，对影响服务提供的所有措施，给予另一方服务和服务提供者的待遇，不得低于其给予本国同类服务和服务提供者的待遇。①

二、一方可通过对另一方服务或服务提供者给予与其本国同类服务或服务提供者形式上相同或不同的待遇，满足第一款的要求。

三、如果一方给予另一方同类服务或服务提供者在形式上相同或不同的待遇，改变了竞争条件，使其本国服务或服务提供者处于有利地位，则此类待遇应当被视为较为不利的待遇。

第一百零七条　最惠国待遇

一、对于附件九中所列部门，各方应当依据其中所列条件和资格，对涉及服务提供的所有措施，给予另一方服务和服务提供者的待遇，不得低于其给予第三国同类服务和服务提供者的待遇。

二、尽管有第一款规定，对于在本协定生效之日前签署或生效的自由贸易协定或多边国际协定，双方有权保留采取或实施任何措施，给予相关协定成员第三国差别待遇的权利。

三、为进一步明确，就有关货物贸易、服务贸易或投资的自由化协定而言，第二款所述还包括相关协定缔约方之间为实现更广泛经济一体化或进一步贸易自由化而采取的任何措施。

第一百零八条　市场准入

一、对于第一百零三条定义的服务提供方式的市场准入，一方给予另一方服务和服务提供者的待遇，在条款、限制和条件方面，不得

---

① 根据本条承担的具体承诺不得解释为要求任何缔约方对由于有关服务或服务提供者的外国特性而产生的任何固有的竞争劣势做出补偿。

低于其在具体承诺减让表中所承诺和列明的内容。①

二、在承诺市场准入的部门，除非减让表中另有列明，否则一方不得在地区或在其全部境内实施或采取下列措施：

（一）以数量配额、垄断、专营服务提供者或经济需求测试要求的形式，限制服务提供者的数量；

（二）以数量配额或经济需求测试要求的形式，限制服务交易或资产总值；

（三）以配额或经济需求测试要求的形式，限制经营者数量或以指定数量单位表示的服务产出总量；②

（四）以数量配额或经济需求测试要求的形式，限制特定服务部门或服务提供者可雇佣的、提供具体服务所必需且直接有关的自然人总数；

（五）限制或要求服务提供者通过特定类型法律实体或合营企业提供服务的措施；以及

（六）以限制外国股权最高百分比或限制单个或总体外国投资总额的方式限制外国资本的参与。

第一百零九条　具体承诺

一、各方应当在各自减让表中列出其根据本协议第一百零六条、第一百零八条和第一百一十条做出的具体承诺。对于做出此类承诺的

---

①　如一方就第一百零三条服务贸易定义第（一）项所定义的方式提供服务做出市场准入承诺，且如果资本的跨境流动是该服务本身必需的部分，则该方由此已承诺允许此种资本跨境流动。如一方就第一百零三条服务贸易定义第（三）项所定义的方式提供服务做出市场准入承诺，则该方由此已承诺允许有关的资本转移进入其境内。

②　第二款第（三）项不涵盖缔约一方限制服务提供投入的措施。

部门，其具体承诺减让表应当列明：

（一）市场准入的条款、限制和条件；

（二）国民待遇的条件和资格；

（三）与附加承诺有关的承诺；以及

（四）在适当时，实施此类承诺的时限。

二、与第一百零六条和第一百零八条不一致的措施应当列入关于第一百零八条的相应栏目。在此情形下，所列措施将被视作对第一百零六条规定了条件或资格。

三、具体承诺减让表作为附件八附于本协定之后。①

第一百一十条　附加承诺

对于根据第一百零六条或第一百零八条不需列入减让表的措施，双方可就影响服务贸易的措施谈判，此类承诺应当列入一方减让表。这些措施可包括但不限于资格、标准或许可事项的措施。

第一百一十一条　国内规制

一、对于做出具体承诺的部门，各方应当保证影响该部门的所有普遍适用的措施将以合理、客观和公正的方式实施。

二、（一）各方应当保留或尽快设立司法、仲裁或行政庭或程序，在受到影响的服务提供者请求时，对影响服务贸易的行政决定尽快进行审议，并在请求被证明合理的情况下提供适当的补救。如此类程序并不独立于做出有关行政决定的机构，则该方应当保证此类程序

---

① 关于自然人流动模式的具体承诺在附件十中列明。

确实提供了客观和公正的审查。

（二）第（一）项的规定不得解释为要求一方设立与其宪法结构或其法律制度的性质不一致的法庭或程序。

三、对于在本协定项下做出具体承诺的服务，如提供此种服务需要得到批准，则主管机关应当：

（一）在申请不完整的情况下，应申请人要求，指明所有为完成该项申请所需补充的信息，并在合理的时间内为申请人修正不足提供机会；

（二）应申请人要求，提供有关申请审批进展状况，不得有不当延误；

（三）在申请被终止或否决时，尽最大可能以书面形式尽快通知申请人做出此决定的原因。申请人可自行决定重新提交申请。

四、为保证避免与资格要求、程序、技术标准和许可要求相关的各项措施构成不必要的服务贸易壁垒，双方应当按照 GATS 第六条第四款，共同审议有关此类措施纪律的谈判结果，以将这些措施纳入本协定。双方注意到此类纪律特别旨在确保此类要求：

（一）依据客观和透明的标准，例如提供服务的能力；

（二）不得超过为保证服务质量所必需的负担；

（三）如为许可程序，则这些程序本身不对服务提供构成限制。

五、（一）对于做出具体承诺的部门，在第四款提及的纪律被纳入本协定之前，该方不得以下列方式实施使本协定项下义务失效或减损的许可要求、资格要求或技术标准：

1. 不符合第四款第（一）项、第（二）项或第（三）项中所概述的标准的；并且

2. 该方就这些部门做出具体承诺时，不可能合理预期的。

（二）在确定一方是否符合第五款第（一）项下的义务时，应当

考虑该方所实施的有关国际组织①国际标准。

六、在就专业服务做出具体承诺的部门，各方应当规定适当程序，以核验另一方专业人员的能力。

第一百一十二条　承认

一、为使服务提供者获得授权、许可或证书的标准或准则得以全部或部分实施，并根据第四款要求，一方可承认或鼓励其相关主管部门承认另一方的教育或经历、要求或授予的许可或证书。承认可通过协调或其他方式实现，可通过双方或相关主管部门之间达成协议或安排，也可自动给予。

二、当一方自动或通过协议或安排承认在一非缔约方境内获得的教育或经历、满足的要求或授予的许可或证书时，第一百零七条不得解释为要求该方将此类承认给予另一方境内获得的教育或经历、满足的要求或授予的许可或证书。

三、属第二款所指类型的协定或安排参加方的一方，无论此类协定或安排已经存在还是在未来订立，均应当在另一方要求下为该方提供充分机会，通过谈判加入此类协定或安排，或与其谈判类似的协定或安排。如一方自动给予承认，则应当向另一方提供充分的机会，以证明在另一方获得的教育、经历、许可或证书以及要求应当得到承认。

四、一方给予承认的方式不得构成在适用服务提供者获得授权、许可或证明的标准或准则时在各国之间进行歧视的手段，或构成对服务贸易的变相限制。

---

① "有关国际组织"指成员资格对本协定缔约双方相关机构开放的国际机构。

第一百一十三条　资格承认合作

一、双方均认识到在中国—新西兰教育联合工作组（"JWG"）下现存资格承认工作，鼓励该工作组进一步探索开展对各自学历和资格的互认合作。

二、中国劳动和社会保障部与新西兰资格认证局（"NZQA"）将建立联合工作组，以加强合作，探索互认各自职业资格的可能性。

三、双方同意鼓励中方负责专业和职业资格颁发及承认的主管机关与 NZQA 加强合作，探索承认其他资格与专业和职业许可的可能性。

第一百一十四条　支付与转移

一、除在第二百零二条中预想的情况下，一方不得对与其具体承诺有关的经常项目交易的国际转移和支付实施限制。

二、本协定的任何规定不得影响双方作为国际货币基金组织成员在《国际货币基金协定》项下的权利和义务，包括采取符合《国际货币基金协定》的汇兑行动，但是一方不得对任何资本交易设置与其有关此类交易的具体承诺不一致的限制，但根据第二百零二条或在国际货币基金组织请求下除外。

第一百一十五条　利益的拒绝给予

在事先通知及磋商的情况下，一方可拒绝将本章的利益给予：

（一）另一方服务提供者，如果该服务是由非缔约方的人拥有或控制的法人提供的，且该法人在该另一方境内未从事实质性商业经营；或者

（二）另一方服务提供者，如果该服务是由该拒绝给予利益一方的人拥有或控制的法人提供的，且该法人在另一方境内未从事实质性商业经营。

第一百一十六条　透明度

一、各方应当公布其为签字方的影响服务贸易或与服务贸易相关的国际协定。

二、根据本条提供的信息应当提供给第一百一十八条所指的联系点。

第一百一十七条　服务贸易委员会

一、双方特此建立服务贸易委员会。应任何一方或自贸区联合委员会要求，该委员会应当举行会议，考虑本章出现的任何问题。

二、该委员会的职能包括：

（一）审议本章的执行和实施情况；

（二）确定并推荐促进双方间服务贸易增长的措施；

（三）考虑任何一方感兴趣的其他服务贸易事项。

第一百一十八条　联系点

各方应当指定一个或多个联系点，以便利双方就本章所涉任何问

题进行沟通，并应当将联系点的详细信息提供给另一方。双方应当将
联系点详细信息的修改情况及时通知对方。

第一百一十九条　补贴

一、双方应当按照 GATS 第十五条项下达成的纪律审议与服务贸
易相关的补贴纪律事项，以期将这些规则并入本协定。

二、如一方认为受到另一方补贴的不利影响，应其请求，双方应
当就此展开磋商。

第一百二十条　减让表的修改

一、一方（本条中称"修改方"）可在减让表中承诺生效 3 年
后修改或撤销该承诺，只要：

（一）在不迟于修改或撤销的预定实施日前 3 个月将其修改或撤
销某一承诺的意向通知另一方（本条中称"受影响方"）；并且

（二）该方在通知此种修改意向后，双方应当展开磋商，以期就
适当的补偿性调整达成一致。

二、为达成补偿性调整，双方应当努力保持互利的总体承诺水平
不低于在补偿谈判之前具体承诺减让表中规定的贸易减让水平。

三、如果修改方和受影响方在 3 个月内无法在第一款第（二）项
下达成协议，受影响方可根据第十六章（争端解决）规定的程序提交
仲裁。

四、修改方在根据仲裁结果做出必要调整前，不得修改或撤销其
承诺，该仲裁结果应当说明按照第三款，第一款第（二）项是否得
以满足的问题。

第一百二十一条　保障措施

双方注意到根据 GATS 第十条在非歧视原则基础上进行的紧急保障措施问题的多边谈判。一旦该多边谈判结束，双方应当进行审议，以讨论适当修改本协定，纳入多边谈判的成果。

第一百二十二条　合作

一、双方应当就服务部门加强合作，包括现有合作安排未涵盖的部门，如人力资源、数据研究和分享，及能力建设等，以提高双方的能力、效率与竞争力。

二、双方认识到中国作为发展中国家的情况，并承诺共同努力，探索与双方不同发展状况相适应的扩大服务贸易的途径。

第一百二十三条　垄断和专营服务提供者

一、各方应当保证其境内的任何垄断服务提供者在有关市场提供垄断服务时，不以与其在具体承诺项下义务不一致的方式行事。

二、如一方垄断提供者直接或通过附属公司参与其垄断权范围之外且受该方具体承诺约束的提供服务的竞争，则该方应当保证该提供者在其境内不滥用其垄断地位，以与该承诺不一致的方式行事。

三、如一方有理由认为另一方垄断服务提供者以与第一款和第二款不一致的方式行事，则该方可要求设立、保留或授权该服务提供者的另一方提供有关经营的具体信息。

四、在本协定生效后，如一方对其具体承诺所涵盖的服务提供给予垄断权，则该方应当在不迟于所给予的垄断权预定实施前 3 个月通知另一方，并应当适用第一百二十条第一款第（二）项、第二款、第三款和第四款规定。

五、如一方在形式上或事实上（一）授权或设立少数几个服务提供者，并且（二）实质性阻止这些服务提供者在其境内相互竞争，则本条也应当适用于此类专营服务提供者。

第一百二十四条 审议

双方应当在本协定生效 2 年之内，此后至少每 3 年或另行商定的时间举行磋商，审议本章的执行情况，并考虑双方共同感兴趣的其他服务贸易事项，包括将最惠国待遇扩展至未列在附件九中的其他服务部门，以期在互利的基础上推进双方服务贸易逐步自由化。

附录2　《中国—瑞士自由贸易协定》
附件六服务贸易

第一条　范围

本附件为缔约双方提供了与服务贸易相关的水平和部门适用的纪律和监管原则，并补充说明了本章所涉及双方的权利和义务。

第一部分　水平规定

第二条　普遍适用规定

一、缔约双方应在其官方刊物上，通过合适的分类方法或者通过与之相关的服务部门来分类，刊登中央政府所有部门的列表，其中包括中央政府赋予代理权限的组织，这些组织负责通过颁发许可证或者其他方式授权、批准和监管服务活动。为了获得此许可证或批准所需的要求、程序和条件亦应刊载发表。

二、缔约双方将保证许可要求和程序不构成市场准入的壁垒，且对贸易的限制作用不超过必要的限度。在已做出承诺的部门中，缔约双方应保证：

（一）许可要求和程序在生效前公布；

（二）此种公布内容列明主管部门审议申请和做出决定的合理时限；

（三）申请人不经单独邀请即可申请许可；

（四）收取的任何费用（不包括通过拍卖或投标过程所确定的费用）将与处理申请所需行政费用相当；

（五）主管机关在收到申请后，通知申请人根据国内法律和法规其申请是否被视为完备，如申请不完备，则应明确使申请完备所需的补充信息，并给予改正不足的机会；

（六）应申请方请求主管部门提供有关申请情况的信息，不得有不当延误；

（七）对所有申请将迅速做出主管部门决定；

（八）如申请被终止或被拒绝，则立即以书面形式通知申请人被终止或被拒绝的原因。申请人应可以自行决定是否重新提交解释被终止或被拒绝原因的新的申请；及

（九）如申请获得批准，则立即以书面形式通知申请人。许可和批准可使申请人在注册商业存在后开始商业经营。注册一般在递交完备申请提交后的两个月内完成。

三、在已做出具体承诺的部门中，缔约双方的相关管理机关要独立于其所管理的任何服务提供者（不包括邮政、速递和铁路运输服务），且不对其负责。

第二部分　自然人移动

第三条　自然人移动

一、此条款在服务提供方面，适用于影响作为缔约一方服务提供者的自然人的措施，及影响缔约一方服务提供者雇用的缔约一方的自

然人的措施。

二、本章不适用于影响寻求进入缔约一方就业市场的自然人的措施，也不适用于在永久基础上有关国籍、居住或就业的措施。

三、允许具体承诺所涉及的自然人提供与其承诺条款一致的服务。

四、本章不得阻止缔约一方实施对自然人进入其领土或在其领土内暂时居留进行管理的措施，包括为保护其边境完整和保证自然人有序跨境流动所必需的措施，只要此类措施的实施不致使缔约另一方根据一具体承诺的条件所获得的利益丧失或减损。①

第四条　范围

第 6 至 9 条适用于缔约一方影响缔约另一方自然人流入其境内的措施，其中前者根据第五条对提供服务的自然人的种类做出了规定。

第五条　定义

就本部分而言：

一、就中国而言：

商务访问者和服务销售人员

（一）商务访问者是指瑞士的一自然人，其为：

1. 作为自然人的服务销售人员，其是瑞士服务提供者的销售代表，寻求临时进入中国境内，旨在代表该服务提供者进行服务销售谈

---

① 对自然人要求签证的事实不得被视为使根据一具体承诺获得的利益的丧失或减损。

判，该代表不涉及向公众直接销售或直接提供服务；或者

2. 是瑞士的投资者或瑞士投资者适当授权的代表，寻求临时进入中国境内设立、扩大、监督和处置该投资者的商业存在。

合同服务提供者

（二）合同服务提供者是指：

1. 为瑞士服务提供者或企业（无论是公司还是合伙）的雇佣人员，为履行其雇主与中国境内服务消费者的服务合同，临时进入中国境内提供服务；

2. 受雇于瑞士的公司或合伙，该公司或合伙在其提供服务的中国境内无商业存在；

3. 报酬由雇主支付；及

4. 具备与所提供服务相关的适当的学历和专业资格。

公司内部流动人员

（三）公司内部流动人员是指经理、高级管理人员或专家，在中国境内有商业存在的瑞士服务提供者或投资者的雇员；

1. 经理指一组织内部的自然人，主要负责该组织、部门或分部门的管理，监督和控制其他负责监管、业务或管理的雇员的工作，有权雇佣、解雇或行使其他人事职能（例如提升或休假批准），在日常经营中行使决策权；

2. 高级管理人员指一组织内部的自然人，主要负责该组织的管理，广泛行使决策权，仅接受更高管理层、董事会或企业股东的总体监督和指导。高级管理人员不直接执行实际服务提供相关的任务，不直接参与投资的运营；

3. 专家指一组织内部的雇员，掌握有关高级别技术专长的知识，拥有与该组织的服务、研究设备、技术或管理有关的专门知识。

其他

（四）安装和维修人员指提供机器和/或设备配套安装和维护的

自然人，且供货公司的安装和/或服务是机器设备购买的条件。机器设备配套维修和安装人员不得从事与合同服务行为无关的服务。

二、就瑞士而言：

商务访问者和服务销售人员

（一）1. 商务访问者指负责建立商业存在的企业员工，其在瑞士没有商业存在，该员工办理入境申请时在中国企业的入职时间不少于一年，并立即提交入境请求，满足下述（三）1条所述条件，进入瑞士是为了在瑞士设立该企业的商业存在。负责设立商业存在的人不能向公众直接销售或提供服务。

2. 服务销售人员指企业雇用或授权的人员，代表企业暂时留在瑞士以签订服务销售合同。服务销售人员不得向公众直接销售或提供服务。

合同服务提供者

（二）合同服务提供者指在瑞士没有商业存在的中国企业（法人）（提供 CPC 872 所规定的服务的企业除外）的员工，该中国企业已与在瑞士境内从事实质性商业活动的企业签订服务合同，属于该企业在中国的员工，且该员工办理入境申请时在中国企业的入职时间不少于一年；有三年相关工作经验，符合（三）2条规定的条件，代表中国企业在瑞士提供以下服务行业的服务的专业人员。每份合同可有一定数量的服务提供者获得三个月的临时入境期限，服务提供者的数量取决于合同规定的要执行的任务的大小。该中国企业的单个服务提供者如果不是该中国公司员工，则应算作进入瑞士就业市场求职的人。

服务部门：

-建筑设计服务（CPC 8671）

-工程服务（CPC 8672）

-综合工程服务（CPC 8673）

-城市规划服务（CPC 8674 的部分）

-计算机硬件安装的相关咨询服务（CPC 841）

-软件实施服务（CPC 842）

-管理咨询服务（CPC 865）

-技术测试和分析服务（CPC 8676）

-汉语相关的笔译和口译服务（CPC 87905 的部分）

公司内部流动人员

（三）公司内部流动人员指中国特定企业或公司分派到瑞士的主要人员，及下文 1 和 2 所定义的该企业或公司（以下简称"企业"）在瑞士成立的分公司、附属公司或联属公司的提供服务的员工；员工办理入境申请时在中国企业的入职时间不少于一年，并且立即提交入境申请。

1. 执行总监和高级经理指接受企业高层管理人员、董事会或股东广泛监督或指导的企业或企业某部门的主要负责人。管理人员和高级管理人员不得直接从事企业现行的服务提供。

2. 专家指企业内部的高级人才，在企业的服务、研究设备、技术或管理领域具有高级专业技术知识，是提供特定服务必不可少的人才。

其他

（四）安装和维修人员是合格的专业人员；属于在瑞士没有商业存在的中国企业的员工；该中国企业提供机械或工业设备的安装或维修服务，且该服务的供应必须收费或依据机械或设备的生产商和该机械或设备的所有者之间的合同（安装/维护合同）进行，且生产商和所有者必须都是企业（不包括 CPC 872 涉及的提供服务的企业）。

第六条　快速的申请程序

（一）申请人申请临时居留和工作许可后，在符合其国内法律法规的情况下，各缔约方主管机构一般应在 45 日之内告知申请人最终的申请结果。

（二）当缔约另一方的服务提供者提交签证申请时，缔约一方的主管机构应在 10 日之内完成与签证申请相关的各种程序。

（三）申请人员申请临时居住、工作许可或签证时，当缔约一方的主管机构需要其提供附加信息来处理申请时，必须立即通知申请人，不得有不当延误。

（四）当申请人提出临时居留或工作许可要求时，缔约一方的主管机构应该及时提供有关申请状态的信息。

（五）当申请人提出临时居留或工作许可要求时，缔约一方的主管机关在做出决定之后，应及时通知申请人申请结果。如果可以，该通知应包括居留期限以及其他的任何条款和条件。

第七条　市场准入

有关具体承诺下的自然人，缔约各方都不应：
（一）要求劳动证书测试；
（二）实行数量的限制；或
（三）要求经济需求测试①。

第八条　信息提供

（一）在第8.9条中，缔约各方应该公开提供，或确保其职能部

---

① "经济需求测试"与本条中使用的其他术语应当按照《服务贸易总协定》中的规定理解。

门公开提供关于给予进入其领土、临时居留或工作申请所需的有效的申请信息。这种信息应该保持更新。

（二）第（一）款中所指信息应包括的描述，特别是：

1. 所有类别的签证以及本部分包括的自然人的入境、临时居留和工作有关的工作许可；

2. 初次申请或签发进入一方领土，临时居留和工作许可（如可以）的要求和程序，包括文件要求的信息，需满足的条件和资料提交方法；及

3. 申请和发布再申请的临时居留、工作许可（如可以）的要求和程序。

（三）对于第（二）款中提及信息的出版物及网络站点，各缔约方有义务向另一缔约方提供有关的详细信息。

（四）如果第（一）款被证明对缔约一方不适用，该缔约方应该向对方提供第（二）款中的相关信息，以及因此所产生的任何改变。除此之外，经另一缔约方要求，该缔约方应该向另一缔约方提供详细的联络信息，以便于另一缔约方获得第（二）款中所指的相关信息。

第九条　联络点

根据第14.2条建立的联络点为另一缔约方的服务提供者获得第8条所指的信息提供便利。

第三部分　金融服务

第十条　范围和定义

一、本部分适用于缔约方影响金融服务贸易的措施。①

二、就本部分而言：

（一）金融服务是指缔约一方的金融服务提供者提供的任何性质金融的服务。金融服务包括所有保险及与其相关的服务，及所有银行和其他金融服务（保险除外）。金融服务包含下列活动：

保险及其相关的服务

1. 直接保险（包括共同保险）：

（A）寿险

（B）非寿险

2. 再保险和转分保；

3. 保险中介，如经纪和代理；

4. 保险的附属服务，如咨询、精算、风险评估和理赔服务。

银行业和其他的金融服务（保险除外）

5. 接受公众存款和其他应偿还基金；

6. 所有类型的贷款，包括消费信贷、抵押贷款、商业交易的代理和融资；

7. 财务租赁；

8. 所有支付和货币转移服务，包括信用卡、赊账卡、贷记卡、

---

① "金融服务贸易"应根据协定第8.2条第（一）款中的定义理解。

旅行支票和银行汇票；

9. 担保和承诺；

10. 交易市场、公开市场或场外交易市场的自行交易或代客交易：

a：货币市场工具（包括支票、汇票、存单）；

b：外汇；

c：衍生产品，包括但不局限于期货和期权；

d：汇率和利率工具，包括换汇和远期利率协议等产品；

e：可转让证券；

f：其他可转让票据以及金融资产，包括金银条款；

11. 参与各类证券的发行，包括承销和募集代理（无论是公开或私下），以及提供该发行有关的服务；

12. 货币经纪；

13. 资产管理，如现金或证券管理，各种形式的集体投资管理，养老基金管理，保管，存款和信托服务；

14. 金融资产的结算和清算服务，包括证券，衍生品及其他可转让票据；

15. 提供和传送其他金融服务提供者提供的金融信息，金融数据处理和相关软件；

16. 就第5到第15目所列的所有活动提供咨询、中介及其他附属金融服务，包括信用调查和分析、投资和资产组合的研究和咨询，收购咨询、公司重组和策略咨询。

（二）金融服务提供者是指希望提供或正在提供金融服务的一缔约方的自然人或法人，但"金融服务提供者"一词不包括公共实体。

（三）公共实体是指：

1. 缔约一方的政府、中央银行或者是货币管理机关，或由缔约一方拥有或控制的、主要为政府目的执行政府职能或进行的活动的实

体，不包括在商业条件下从事金融服务提供的实体；或

2. 在行使通常由中央银行或货币管理机关行使的职能时的私营实体。

（四）就本协议第五条（定义）第一款第二点而言，缔约一方政府提供的服务是指：

1. 为实现货币或汇率目标，由央行或货币当局又或是其他任何公共机构采取的相关措施；

2. 组成社会保障体系及公共退休计划的活动；

3. 其他由公共机构实施的措施、政府进行担保或使用政府财政资源进行的活动。

（五）就本协议第五条（定义）第一款第二点而言，如果缔约一方允许其金融服务提供者实施上述第 2 和 3 点的活动与公共机构或其他金融服务提供者进行竞争，"服务"应包括上述活动。

（六）本协议第五条（定义）第一款第三点不适用于本节内容包括的服务。

第十一条　国内规制

一、不论本章其他的条款规定，一方不得阻止另一方出于谨慎考虑采取或维持合理措施，这些考虑包括：

（一）保护投资者，存款者，投保人，保险索赔人，金融服务提供商所欠受信责任人，或者是任何类似的金融市场参与者；或

（二）确保一方金融系统的健全稳定。

如果采取的措施与本章条款不一致，这些措施不得用于一方规避本章承诺或责任的手段。上述措施不应超出必要范围的繁重以达到既定目的或构成对服务贸易的变相限制，不应歧视另一缔约方提供的金

融服务或金融服务提供商。

二、本章中的任何内容都不得被解释为要求一方泄露与客户有关事务和账户、机密或公共机构拥有的所有权信息。

第十二条　审慎措施

一、在决定非缔约方有关金融服务的措施被如何实施时，缔约方可能会承认非缔约方审慎措施。这种承认可以通过协调或其他方式实现，或可依据与非缔约方达成的协定或安排，或可通过自动的方式实现。

二、参与第一款中提及的协议或安排的缔约一方，无论其是将要参与的还是已在该协议或安排中，一方应为另一缔约方也通过谈判加入这一协定或安排，或者通过谈判签署对应的协定或安排提供充分机会。需要满足的情况是，双方签署的协定须有相同的规定、监管、规定的实施。如果适宜，协定或安排的缔约双方共享信息的程序也要相同。如果一方自动予以承认，则应为其另一方提供证明此类情况存在的充分机会。

第十三条　缔约双方信息交流

一、为了缔约方服务提供商的利益，一经要求，缔约方应交流有关金融产品和服务的条例和规则的详细信息。

二、一经要求，缔约方有义务澄清第一款中涉及的已有的市场准入和限制的适用范围。在此基础上并根据常见的协议，双方准备并相互提交适用的措施准则，这与市场准入是一致的。

第四部分　传统中医服务

第十四条　缔约双方的对话

一、为了深化合作并互惠互利，针对任何会对瑞士本土的传统中医服务产生影响的政策、规章条例和行为，以及因此而带来的争议，缔约双方应该及时的交流信息，进行磋商。

二、缔约双方应该加强合作，推广传统中医服务的实践，包括以下方面：

（一）传统中医服务从业人员申请工作许可的要求和条件。

（二）中医从业者申请短期和年度工作许可的标准。

（三）按照可行的规章制度，已有的可以促进中医服务供给的可能。

附录 3 《中国—澳大利亚自由贸易协定》第八章服务贸易

第一部分 范围与定义

第一条 范围

一、本章适用于一方采取或维持的影响服务贸易的措施,包括关于下列内容的措施:

(一)服务的生产、分销、营销、销售或交付;

(二)服务的购买、使用或支付;

(三)与服务的提供有关的、一方要求向公众普遍提供的服务的获得和使用;以及

(四)一方的服务提供者在另一方领土内的存在。

二、本章不适用于:

(一)影响航空业务权的措施,无论以何种形式给予;或影响与航空业务权的行使直接有关的服务的措施,以及影响航空交通管制和航空导航服务的措施,但适用于影响下列内容的措施:

1. 航空器的修理和保养服务;

2. 空运服务的销售和营销;

3. 计算机订座系统("CRS")服务;

4. 机场运营服务；

5. 地面服务；以及

6. 专业航空服务；

双方注意到根据《服务贸易总协定》的《关于空运服务的附件》中审议条款所进行的多边谈判。一旦该多边谈判结束，双方应进行审议，以便讨论如何对本协定进行适当修正，将多边谈判成果纳入其中。

（二）政府采购；

（三）在一方领土内行使政府职权时提供的服务；

（四）一方提供的补贴或援助，包括政府支持的贷款、担保和保险；以及

（五）影响一方自然人寻求进入另一方就业市场的措施，或在永久基础上有关公民身份、居住或就业的措施。

第二条　定义

就本章而言：

（一）航空器的修理和保养服务是指在航空器退出服务的情况下对航空器或其一部分进行的此类活动，不包括所谓的"日常维修"；

（二）机场运营服务是指旅客航站楼、飞行区和其他机场基础设施运营服务，不包括机场安全服务和涉及地面服务的服务；

（三）商业存在是指设立任何类型的商业或专业机构，包括为提供服务而在一方领土内：

1. 组建、收购或维持一法人，或者

2. 创建或维持一分支机构或代表处；

（四）计算机订座系统服务是指由包含航空承运人的时刻表、可

获性、票价和定价规则等信息的计算机系统所提供的服务，可通过该系统进行订座或出票；

（五）控制是指拥有任命其大多数董事或以其他方式合法指导法人活动的权力；

（六）地面服务是指由第三方在付费或签订合同的基础上，在机场提供的以下服务：航空公司代理、管理和监督；旅客服务；机坪服务；货物与行李服务；装卸管理和航班运营服务。地面服务不包括安保、航空器的修理和保养服务以及对机场核心基础设施的管理；

（七）一方的法人是指根据适用法律适当组建或组织的任何法人实体，无论是否以盈利为目的，无论属私营所有还是政府所有，包括任何公司、基金、合伙企业、合资企业、独资企业或协会，该法人是：

1. 根据一方的法律组建或组织的、并在该方领土内从事实质性业务活动的法人；或者

2. 对于通过商业存在提供服务的情况：

（1）由一方的自然人拥有或控制的法人；或者

（2）由本条第（七）项1目确认的该方的法人拥有或控制的法人；

（八）措施是指一方的任何措施，无论是以法律、法规、规则、程序、决定、行政行为的形式还是以其他任何形式，包括：

1. 中央、地区或地方政府和主管机关所采取的措施；以及

2. 由中央、地区或地方政府或主管机关授权行使权力的非政府机构所采取的措施；

（九）各方影响服务贸易的措施包括关于下列内容的措施：

1. 服务的购买、支付或使用；

2. 与服务的提供有关的、各方要求向公众普遍提供的服务的获得和使用；以及

3. 一方的人为在另一方领土内提供服务的存在，包括商业存在；

（十）服务的垄断提供者是指一方领土内有关市场中被该方形式上或事实上授权或确定为该服务的独家提供者的任何公私性质的人；

（十一）一方的自然人是指根据该方法律确定的以下自然人：

1. 对澳大利亚而言，是指澳大利亚公民或澳大利亚永久居民；以及

2. 对中国而言，是指根据中国法律属于中国公民的自然人；

（十二）拥有是指持有法人超过百分之五十的股本；

（十三）一方的人是指一方的自然人或法人；

（十四）资格程序是指与资格要求的管理相关的行政程序；

（十五）资格要求是指一服务提供者为获得证书或一项许可需要满足的实质要求；

（十六）服务部门，对于一具体承诺，是指一方在本协定附件三其减让表中列明的该项服务的一个、多个或所有分部门；在其他情况下，则指该服务部门的全部，包括其所有的分部门；

（十七）空运服务的销售和营销是指有关航空承运人自由销售和推销其空运服务的机会，包括营销的所有方面，如市场调查、广告和分销。这些活动不包括空运服务的定价，也不包括适用的条件；

（十八）服务包括任何部门的任何服务，但在行使政府职权时提供的服务除外；

（十九）服务消费者是指得到或使用服务的任何人；

（二十）行使政府职权时提供的服务是指既不依据商业基础提供，也不与一个或多个服务提供者竞争的任何服务；

（二十一）一方的服务提供者是指一方提供一服务的任何人①；

（二十二）专业航空服务是指非运输航空服务，如航空消防、观光、播洒、测量、绘图、摄影、跳伞、滑翔机牵引、为伐木和建筑使用的直升机搬运，以及与空运有关的其他农业、工业和检查服务；

（二十三）服务的提供包括服务的生产、分销、营销、销售和交付；

（二十四）服务贸易定义为：

1. 自一方领土内向另一方领土内提供服务（"跨境提供模式"）；

2. 在一方领土内向另一方的服务消费者提供服务（"境外消费模式"）；

3. 一方的服务提供者通过在另一方领土内的商业存在提供服务（"商业存在模式"）；及

4. 一方的服务提供者通过在另一方领土内的自然人存在提供服务（"自然人存在模式"或"自然人移动模式"）；

（二十五）业务权是指以有偿或租用方式，往返于一方领土或在该领土之内或之上经营和（或）运载乘客、货物和邮件的定期或不定期服务的权利，包括服务的地点、经营的航线、运载的运输类型、提供的能力、收取的运费及其条件以及指定航空公司的标准，如数量、所有权和控制权等标准。

---

① 如该服务不是由法人直接提供，而是通过如分支机构或代表处等其他形式的商业存在提供，则该服务提供者（即该法人）仍应通过该商业存在被给予在本章项下规定给予服务提供者的待遇。此类待遇应扩大至提供该服务的商业存在，但不需扩大至该服务提供者位于提供服务的一方领土之外的任何其他部分。

第二部分　承诺方式

第三条　承诺减让表

各方应根据本章第一节或第二节就国民待遇、市场准入和最惠国待遇作出承诺。

第一节　正面清单方式

第四条　具体承诺减让表

一、如一方根据本节作出承诺，该方应在一份减让表中，即"具体承诺减让表"，列出其根据本章第五、第六和第八条所作出的具体承诺。对于作出此类承诺的部门，其具体承诺减让表应列明：

（一）市场准入的条款、限制和条件；

（二）国民待遇的条件和资格；

（三）与附加承诺有关的承诺；以及

（四）在适当时，实施此类承诺的期限。

二、与本章第五和第六条均不一致的措施应列入与本章第六条有关的栏目。在这种情况下，所列内容将被视作也对本章第五条规定了条件或资格。

三、具体承诺减让表作为本协定附件三附于本协定之后，并应成为本协定的组成部分。

第五条　国民待遇

一、如一方根据本节作出承诺，对于列入本协定附件三其具体承诺减让表的部门，在遵守其中所列任何条件和资格的前提下，该方在影响服务提供的所有措施方面，给予另一方的服务和服务提供者的待遇，不得低于其给予本国同类服务和服务提供者的待遇。[①]

二、一方可通过对另一方的服务或服务提供者给予与其本国同类服务或服务提供者的待遇形式上相同或不同的待遇，满足本条第一款的要求。

三、如形式上相同或不同的待遇改变竞争条件，与另一方的同类服务或服务提供者相比，有利于该方的服务或服务提供者，则此类待遇应被视为较为不利的待遇。

第六条　市场准入

一、如一方根据本节作出承诺，对于通过本章第二条（二十四）项确定的服务提供模式实现的市场准入，一方给予另一方的服务和服务提供者的待遇，不得低于在本协定附件三其具体承诺减让表中所同意和列明的条款、限制和条件。[②]

---

① 根据本条承担的具体承诺不得解释为要求该方对由于有关服务或服务提供者的外国特性而产生的任何固有的竞争劣势作出补偿。

② 如一方就本章第二条（二十四）项1目所指方式提供服务作出市场准入承诺，且如果资本的跨境流动是该服务本身必需的部分，则该方由此已承诺允许此种资本跨境流动。如一方就本章第二条（二十四）项3目所指方式提供服务作出市场准入承诺，则该方由此已承诺允许有关的资本转移进入其领土内。

二、在作出市场准入承诺的部门，除非在本协定附件三其具体承诺减让表中另有列明，否则一方不得在其一地区或在其全部领土内维持或采取如下定义的措施：

（一）无论以数量配额、垄断、专营服务提供者的形式，还是以经济需求测试要求的形式，限制服务提供者的数量；

（二）以数量配额或经济需求测试要求的形式限制服务交易或资产总值；

（三）以配额或经济需求测试要求的形式，限制服务业务总数或以指定数量单位表示的服务产出总量；①

（四）以数量配额或经济需求测试要求的形式，限制特定服务部门或服务提供者可雇佣的、提供具体服务所必需且直接有关的自然人总数；

（五）限制或要求服务提供者通过特定类型法律实体或合营企业提供服务的措施；以及

（六）以限制外国股权最高百分比或限制单个或总体外国投资总额的方式限制外国资本的参与。

第七条　最惠国待遇

一、如一方根据本节作出承诺，对于列入本章附件一的服务部门，在遵守其中所列任何条件和资格的前提下，该方应给予另一方的服务和服务提供者的待遇不得低于其给予任何非缔约方②同类服务和

---

① 本条第二款（三）项不涵盖一方限制服务提供投入的措施。
② 就本条而言，"非缔约方"不得包括《世贸组织协定》意义下的以下世贸组织成员：（1）中国香港；（2）中国澳门；以及（3）台湾、澎湖、金门和马祖单独关税区（中国台北）。

服务提供者的待遇。

二、尽管有本条第一款规定，根据在本协定生效之日前签署或生效的自由贸易协定或多边国际协定，一方可采取或维持任何给予任何非缔约方差别待遇的措施。

三、为进一步明确，就有关货物贸易、服务贸易或投资的自由化协定而言，本条第二款所述包括为实现更广泛经济一体化或进一步贸易自由化而采取的任何措施。

四、对本条第一款没有涵盖的部门，在本协定生效之日后，如果一方与一非缔约方达成任何协定，且该方给予该非缔约方服务和服务提供者的待遇优于其给予另一方同类服务和服务提供者的待遇，另一方可要求磋商，探讨在本协定项下获得不低于该非缔约方依据已签协定所获待遇的可能性。在这种情况下，双方应开展磋商，并注意整体利益的平衡。

五、本协定的规定不得解释为阻止一方对相邻国家授予或给予优惠，以便利仅限于毗连边境地区的当地生产和消费的服务的交换。

第八条　附加承诺

如一方根据本节作出承诺，可就影响服务贸易、但根据本章第五和第六条不需列入减让表的措施，包括但不限于有关资格、标准或许可事项的措施，谈判承诺。此类承诺应列入一方在本协定附件三中其具体承诺减让表。

第二节 负面清单方式

第九条 不符措施清单

一、如一方根据本节作出承诺，本章第十、第十一和第十二条不适用于：

（一）在本协定生效之日，一方的下述政府已在本协定附件三其不符措施清单第一节列明的其所维持的不符措施：

1. 一方的中央政府；或者

2. 地区政府；

（二）在本协定生效之日，除本款第（一）项 2 目所指地区政府外的地方政府维持的任何不符措施；或者

（三）对本款第（一）和第（二）项所指任何不符措施的延续或及时更新；

二、本章第十至第十二条不适用于一方在本协定附件三其不符措施清单第二节列明的其所采取或维持的与部门、分部门或活动相关的任何措施。

三、不符措施清单作为本协定附件三附于本协定之后，并应成为本协定的组成部分。

第十条 国民待遇

一、如一方根据本节作出承诺，该方给予另一方的服务和服务提

供者的待遇，不得低于其给予本国同类服务和服务提供者的待遇。①

二、一方可通过对另一方的服务或服务提供者给予与其本国同类服务或服务提供者的形式上相同或不同的待遇，满足本条第一款的要求。

三、如形式上相同或不同的待遇改变竞争条件，与另一方的同类服务或服务提供者相比，有利于该方的服务或服务提供者，则此类待遇应被视为较为不利的待遇。

第十一条 市场准入

如一方根据本节作出承诺，② 对于通过本章第二条（二十四）项确定的服务提供模式实现的市场准入，一方不得在其一地区或在其全部领土内采取或维持按如下定义的措施：

（一）无论以数量配额、垄断、专营服务提供者的形式，还是以经济需求测试要求的形式，限制服务提供者的数量；

（二）以数量配额或经济需求测试要求的形式限制服务交易或资产总值；

（三）以配额或经济需求测试要求的形式，限制服务业务总数或以指定数量单位表示的服务产出总量；③

（四）以数量配额或经济需求测试要求的形式，限制特定服务部

---

① 本条中任何内容不得解释为要求该方对由于有关服务或服务提供者的外国特性而产生的任何固有的竞争劣势作出补偿。

② 如一方就本章第二条（二十四）项1目所指方式提供服务作出市场准入承诺，且如果资本的跨境流动是该服务本身必需的部分，则该方由此已承诺允许此种资本跨境流动。如一方就本章第二条（二十四）项3目所指方式提供服务作出市场准入承诺，则该方由此已承诺允许有关的资本转移进入其领土内。

③ 本项不适用于一方限制服务提供投入的措施。

门或服务提供者可雇佣的、提供具体服务所必需且直接有关的自然人总数；

（五）限制或要求服务提供者通过特定类型法律实体或合营企业提供服务的措施；以及

（六）以限制外国股权最高百分比或限制单个或总体外国投资总额的方式限制外国资本的参与。

第十二条　最惠国待遇

一、如一方根据本节作出承诺，除非在本协定附件三其不符措施清单中列明，该方应给予另一方的服务和服务提供者的待遇不得低于其给予任何非缔约方同类服务和服务提供者的待遇。

二、尽管有本条第一款规定，根据在本协定生效之日前签署或生效的自由贸易协定或多边国际协定，一方可采取或维持任何给予任何非缔约方差别待遇的措施。

三、为进一步明确，就有关货物贸易、服务贸易或投资的自由化协定而言，本条第二款所述还包括为实现更广泛经济一体化或进一步贸易自由化而采取的任何措施。

四、根据一方在本协定附件三中其不符措施清单不适用本条第一款的部门，在本协定生效之日后，如果一方与一非缔约方达成任何协定，且该方给予该非缔约方服务和服务提供者的待遇优于其给予另一方同类服务和服务提供者的待遇，另一方可要求磋商，探讨在本协定项下获得不低于该非缔约方依据已签协定所获待遇的可能性。在这种情况下，双方应开展磋商，并注意整体利益的平衡。

五、本协定的规定不得解释为阻止一方对相邻国家授予或给予优惠，以便利仅限于毗连边境地区的当地生产和消费的服务的交换。

第三部分 其他规定

第十三条 国内规制

一、在已作出具体承诺的部门中，各方应保证所有影响服务贸易的普遍适用的措施以合理、客观和公正的方式实施。

二、（一）各方应维持或尽快设立司法、仲裁或行政庭或程序，在受影响的服务提供者请求下，对影响服务贸易的行政决定迅速进行审查，并在请求被证明合理的情况下提供适当的救济。如此类程序并不独立于作出有关行政决定的机构，则该方应保证此类程序在实际中提供客观和公正的审查。

（二）本款第（一）项的规定不得解释为要求一方设立与其宪法结构或其法律制度性质不一致的法庭或程序。

三、对于在本协定项下已作出具体承诺的服务，如提供此种服务需要得到批准，则各方主管机关应：

（一）在申请不完整的情况下，应申请人请求，明确为完成该项申请所需补充的所有信息，并为申请人在合理的时间内改正不足提供机会；

（二）应申请人请求，提供有关申请情况的信息，不得有不当延误；并且

（三）如申请被终止或被拒绝，应尽最大可能以书面形式通知申请人被终止或被拒绝的原因，不得延误。申请人将有可能自行决定重新提交新的申请。

四、为保证有关资格要求和程序、技术标准和许可要求的各项措施不致构成不必要的服务贸易壁垒，双方应共同审议按照《服务贸

易总协定》第 6 条 4 款所开展的有关此类措施纪律的谈判结果，以将该谈判结果纳入本协定。双方注意到此类纪律旨在特别保证上述要求：

（一）依据客观和透明的标准，例如提供服务的能力和资格；

（二）不得比为保证服务质量所必需的限度更难以负担；

（三）如为许可程序，则这些程序本身不成为对服务提供的限制。

五、（一）在一方已作出具体承诺的部门中，在将本条第四款所述纪律纳入本协定之前，该方不得以下列方式实施使本协定项下义务失效或减损的许可要求、资格要求或技术标准：

1. 不符合本条第四款（一）、（二）或（三）项中所概述的标准的；以及

2. 在该方就这些部门作出具体承诺时不可能合理预期的。

（二）在确定一方是否符合本条第五款（一）项下的义务时，应考虑该方所实施的有关国际组织的国际标准。①

六、在已就专业服务作出具体承诺的部门，各方应规定适当程序，以核验另一方专业人员的能力。

七、根据其国内法律和法规，一方应允许另一方服务提供者使用其在另一方领土内开展贸易的企业名称。

第十四条　承认

一、为使服务提供者获得授权、许可或证明的标准或准则得以全部或部分实施，在遵守本条第四款要求前提下，一方可承认或鼓励其

---

① "有关国际组织"是指成员资格对本协定双方的有关机构开放的国际机构。

相关主管部门承认在另一方获得的教育或经历、满足的要求或授予的许可或证明。此类可通过协调或其他方式实现的承认，可依据双方或相关主管部门的协定或安排，也可自动给予。

二、当一方自动承认，或通过协定或安排承认，在一非缔约方领土内已获得的教育或经历、满足的要求或授予的许可或证明时，本章第七或第十二条不得解释为要求该方将此类承认给予在另一方领土内获得的教育或经历、满足的要求或授予的许可或证明。

三、属本条第二款所指类型的协定或安排参加方的一方，无论此类协定或安排已经存在还是在未来订立，均应在另一方请求下为该方提供充分机会，通过谈判加入此类协定或安排，或与其谈判类似的协定或安排。如一方自动给予承认，则应向另一方提供充分机会，以证明在另一方领土内获得的教育、经历、许可或证明以及满足的要求应得到承认。

四、在适用服务提供者获得授权、许可或证明的标准或准则时，一方给予承认的方式不得构成在另一方和非缔约方之间进行歧视的手段，或构成对服务贸易的变相限制。

第十五条　资格互认合作

一、在可能情况下，双方同意鼓励各自领土内负责发放和承认专业和职业资格的相关机构加强合作，探讨互认相关专业和职业资格的可能性。

二、在可能情况下，各方都将鼓励其领土内相关机构，制定双方均可能接受的许可和证明的标准及条件，并鼓励相关机构向服务贸易委员会推荐双方均同意、可开展互认工作的服务部门，包括工程服务和中医。

三、双方可酌情讨论与专业和职业服务有关的双边、诸边和多边协定。

第十六条　支付与转移

一、除在第十六章（一般条款与例外）第六条（保障国际收支平衡的措施）中设想的情况外，一方不得对与其具体承诺有关的经常项目交易的国际转移和支付实施限制。

二、本章的任何规定不得影响双方作为国际货币基金组织成员在《国际货币基金组织协定》项下的权利和义务，包括采取符合《国际货币基金组织协定》的汇兑行动，前提是一方不得对任何资本交易设置与其有关此类交易的具体承诺不一致的限制，但根据第十六章（一般条款与例外）第六条（保障国际收支平衡的措施）或在国际货币基金组织请求下除外。

第十七条　利益的拒绝给予

在事先通知及磋商的前提下，一方可拒绝将本章的利益给予另一方的服务提供者：

（一）如果该服务提供者是由非缔约方或该拒绝给予利益方的人拥有或控制的法人；并且

（二）该法人在另一方领土内未从事实质性商业经营。

第十八条　透明度

一、各方应确保：

（一）迅速公布监管决定，包括作出该决定的依据，或让所有利益相关方可以获得；并且

（二）可公开获得与公共网络或服务相关的措施，包括许可的相关要求，如有。

二、各方应确保，如果要求获得许可，可公开获得与公共网络或服务提供者相关的所有许可措施，包括：

（一）要求获得一项许可的各种情况；

（二）所有适用的许可程序；

（三）就一项许可申请作出决定的一般时限；

（四）申请或获得许可的成本或费用；以及

（五）许可的有效期限。

三、根据其法律法规要求，应申请人请求，各方应确保申请人可获得有关许可被拒绝、撤销、不予更新以及施加或修改条件的原因。在可能的情况下，各方应努力以书面形式提供上述信息。

第十九条　电信服务

一、经必要修正，《服务贸易总协定》的《关于电信服务的附件》，以及关于电信服务的《参考文件》应纳入本协定，构成本协定的组成部分。

二、各方应确保，对于另一方电信网络或服务提供者的许可要求，以对贸易限制最小的方式实施，且其负担不超过必要限度。

三、各方应在制定电信产业政策、监管制度和标准方面，为与在其领土内运营的另一方公共电信网络或服务提供者展开磋商提供便利。

四、根据其法律法规，各方应确保，在其领土内运营的另一方公

共电信网络或服务提供者能够适度提前获知①电信监管机构提议的任何普遍适用的监管决定，并有机会对此作出评论。

五、各方应鼓励各自电信服务提供者展开合作，以降低相互间国际漫游结算价水平，进而降低国际漫游资费水平。

第二十条　服务贸易委员会

一、双方特此设立服务贸易委员会（"委员会"）。委员会应在本协定生效之日起 2 年内，或按双方商定，或应自贸协定联合委员会要求举行会议，考虑本章项下出现的任何问题。

二、委员会职能应包括：

（一）审议本章的执行和实施情况；

（二）确定并推荐促进双方服务贸易增长的措施；以及

（三）考虑任何一方感兴趣的其他服务贸易事项。

三、经双方一致同意，相关机构或部门的代表可被邀请参加委员会会议。

第二十一条　联系点

各方应指定一个或多个联系点，以便利双方就本章所涉任何问题进行沟通，并应将上述联系点的详细信息提供给另一方。双方应将联系点详细信息的修改情况及时通知对方。

---

① 为更清晰，在监管决定颁布前的公众意见征集措施应被视为"适度提前获知"。

第二十二条 减让表的修改

一、一方（本条中称"修改方"）可在本协定附件三其减让表/清单中的任何承诺生效之日起 3 年期满后的任何时间，修改或撤销该承诺，前提是：

（一）在不迟于实施修改或撤销的预定日期前 3 个月，将其修改或撤销某一承诺的意向通知另一方（本条中称"受影响方"）；并且

（二）该方在通知此种修改意向后，双方应展开磋商，以期就适当的补偿性调整达成协议。

二、为达成补偿性调整，双方应努力维持互利承诺的总体水平，使其不低于在此类谈判之前减让表/清单中规定的水平。

三、如修改方和受影响方依照本条第一款（二）项在 3 个月内仍未达成协议，受影响方可根据第十五章（争端解决）规定的程序将该事项提交仲裁庭，或在双方同意下，将该事项提交至其他仲裁程序。

四、修改方在按照本条第三款仲裁结果作出补偿性调整之前，不可修改或撤销其承诺。

五、如修改方实施其拟议的修改或撤销而未遵守仲裁结果，则受影响方可修改或撤销符合仲裁结果的实质相等的利益。

第二十三条 垄断和专营服务提供者

一、各方应保证其领土内的任何垄断服务提供者在有关市场提供垄断服务时，不以与本协定附件三其减让表/清单承诺下的义务不一致的方式行事。

二、如一方垄断提供者直接或通过附属公司参与其垄断权范围之外且受该方本协定附件三减让表/清单中的具体承诺约束的服务提供的竞争，则该方应保证该提供者不滥用其垄断地位，在其领土内以与此类承诺不一致的方式行事。

三、如一方有理由认为另一方的垄断服务提供者以与本条第一和第二款不一致的方式行事，则该方可要求设立、维持或授权该服务提供者的另一方提供有关经营的具体信息。

四、在本协定生效之日后，如一方对本协定附件三其减让表/清单中的具体承诺所涵盖的服务提供给予垄断权，则该方应在不迟于所给予的垄断权预定实施前 3 个月通知另一方，并应适用本章第二十二条一款（二）项和二款规定。

五、如一方在形式上或事实上满足以下条件，则本条也应适用于此类专营服务提供者：

（一）授权或设立少数几个服务提供者；并且

（二）实质性阻止这些服务提供者在其领土内相互竞争。

第二十四条　审议

一、双方应在本协定生效之日起 2 年内举行磋商，此后每两年或在商定的其他时间举行磋商，审议本章的执行情况，并考虑双方共同感兴趣的其他服务贸易事项，以期在互利的基础上推进双方服务贸易逐步自由化。

二、如一方单方面采取开放措施，影响另一方服务提供者的市场准入，另一方可要求举行磋商讨论该项措施。经磋商，如双方均同意将该开放措施作为新的承诺纳入本协定，则应修改本协定附件三减让表/清单。

三、本协定生效后，双方应在商定的时间，以负面清单方式启动并尽快完成下一轮服务贸易谈判。

第二十五条　合作

双边税务安排

一、考虑到共同的经济目标和国际税务标准，双方应审议双边税务安排。①

中医服务（TCM）

二、在本协定设立的相关委员会中，在资源允许的前提下，中国和澳大利亚应就中医服务贸易事项开展合作。

三、本条第二款所指的合作应：

（一）包括交流信息，在适当时候，并讨论与中医服务有关的政策、法规和举措；并且

（二）鼓励双方监管部门、注册机构和相关专业团体未来开展合作，通过与所有相关监管框架一致的方式，为中医服务和其相关药品的贸易提供便利。这些合作涉及双方主管部门，中国为国家中医药管理局，澳大利亚为澳大利亚卫生部，将致力于培育中医领域的务实合作和交流。

---

①　这些安排包括1988年11月17日在堪培拉签订的《中华人民共和国政府和澳大利亚政府关于对所得避免双重征税和防止偷漏税的协定》。

第八章　附件一

第七条项下涵盖的部门

部门	条件/资格
环境服务 （CPC 9401-9406、9409）	
建筑及相关工程服务 （CPC 512、514、516 及 517）	
与林业相关的服务 （CPC 8814）	承诺限于给予经济合作与发展组织（OECD）成员的优惠待遇
工程服务 （CPC 8672）	
集中工程服务 （CPC 8673）	
计算机及其相关服务 （CPC 841、842、843、844、845 及 849）	
旅游及与旅行相关的服务 （CPC 641、642、643、7471 及 7472）	
与科学技术咨询相关的服务（CPC 8675，不包括与国家安全相关的服务）	
证券服务	
教育服务（不包括国家义务教育和特殊教育服务，如军事、警察、政治和党校教育）	

第八章　附件二

金融服务

第一条　范围

一、本附件就第八章（服务贸易）有关金融服务的其他措施作了规定。

二、本附件适用于影响金融服务提供的措施。本附件所指的金融服务提供应指：

（一）自一方领土内向另一方领土内提供服务；

（二）在一方领土内向另一方的消费者提供服务；

（三）一方的服务提供者通过在另一方领土内的商业存在提供服务；

（四）一方的服务提供者通过在另一方领土内的自然人存在提供服务。

第二条　定义

一、就本附件而言，第八章（服务贸易）提及的"在行使政府职权时提供的服务"是指：

（一）中央银行或货币管理机关或任何其他公共实体为推行货币或汇率政策而从事的活动；

（二）构成社会保障法定制度或公共退休计划组成部分的活动；以及

（三）公共实体代表政府或由政府担保或使用政府的财政资源而从事的其他活动。

上述定义不包括一方允许其金融服务提供者从事本条第一款（二）或（三）项所指的、与公共实体或金融服务提供者进行竞争的活动。

二、第八章（服务贸易）第二条（定义）关于"在行使政府职权时提供的服务"不得适用于本附件涵盖的服务。

三、就本附件而言：

（一）金融服务是指一方金融服务提供者提供的任何金融性质的服务。金融服务包括所有保险及其相关服务，以及所有银行和其他金融服务（保险除外）。金融服务包括下列活动：

保险及其相关服务

1. 直接保险（包括共同保险）：

（1）寿险；

（2）非寿险；

2. 再保险和转分保；

3. 保险中介，如经纪和代理；

4. 保险附属服务，如咨询、精算、风险评估和理赔服务；

银行和其他金融服务（保险除外）

5. 接受公众存款和其他应偿还基金；

6. 所有类型的贷款，包括消费信贷、抵押信贷、商业交易的代理和融资；

7. 财务租赁；

8. 所有支付和货币转移服务，包括信用卡、赊账卡、贷记卡、旅行支票和银行汇票；

9. 担保和承诺；

10. 交易市场、公开市场或场外交易市场的自行交易或代客交易：

（1）货币市场工具（包括支票、汇票、存单）；

（2）外汇；

（3）衍生产品，包括但不仅限于期货和期权；

（4）汇率和利率工具，包括换汇和远期利率协议等产品；

（5）可转让证券；

（6）其他可转让票据和金融资产，包括金银条块；

11. 参与各类证券的发行，包括承销和募集代理（无论公开或私下），并提供与该发行有关的服务；

12. 货币经纪；

13. 资产管理，如现金或证券管理、各种形式的集体投资管理、养老基金管理、保管、存款和信托服务；

14. 金融资产的结算和清算服务，包括证券、衍生产品和其他可转让票据；

15. 提供和传送其他金融服务提供者提供的金融信息、金融数据处理和相关软件；

16. 就本条第三款（一）项5至15目所列的所有活动提供咨询、中介和其他附属金融服务，包括信用调查和分析、投资和资产组合的研究和咨询、收购咨询、公司重组和策略咨询；

（二）金融服务提供者是指希望提供或正在提供金融服务的一方的自然人或法人，但不包括公共实体；

（三）公共实体是指：

1. 一方的政府、中央银行或货币管理机关，或由一方拥有或控

制的、主要为政府目的执行政府职能或进行活动的实体，不包括主要在商业条件下从事金融服务提供的实体；或

2. 在行使通常由中央银行或货币管理机关行使的职能时的私营实体。

第三条　国内法规

一、尽管有本章的任何其他规定，但不得阻止一方为审慎原因而采取或维持合理措施，包括：

（一）为保护投资人、存款人、保单持有人、保单索赔人、金融服务提供者对其负有信托责任的人或任何类似的金融市场参与者；或者

（二）为保证该方金融体系的完整和稳定。

二、如此类措施不符合本章的规定，则不得用作逃避该方在本章项下的承诺或义务的手段。此类措施不得构成对服务贸易的变相限制，与一方国内的同类金融服务和金融服务提供者相比，不得歧视另一方的金融服务和金融服务提供者。

三、本章的任何规定不得解释为要求一方披露有关个人客户事务和账户的信息，或公共实体拥有的任何机密或专有信息。

第四条　承认

一、一方在决定其有关金融服务的措施应如何实施时，可承认另一方或非缔约方的审慎措施。此类承认可以依据与某一国际标准制定机构、另一方或非缔约方的协定或安排，通过协调或其他方式实现，也可自动给予。

二、属本条第一款所指协定或安排参加方的一方，无论该协定或安排是将来的还是现有的，如在该协定或安排的参加方之间存在此类法规的相同规制、监督和实施，且如适当，还存在关于信息共享的程序，则应向另一方提供谈判加入该协定或安排的充分机会，或谈判达成类似的协定或安排。

三、如一方自动给予承认，则应为另一方提供证明本条第二款所述情况存在的充分机会。

第五条　监管透明度

一、双方认识到，监管金融机构和跨境金融服务提供者的措施透明十分重要，有助于其在对方市场获得准入和开展经营。

二、各方应确保一方采取或维持的普遍适用措施迅速公布或可公开获得。

三、各方应采取其条件允许的合理措施，以确保一方自律组织①采取或维持的普遍适用的规定迅速公布或可公开获得。

四、各方应维持或建立合适的机制，迅速答复另一方利益相关方②有关本附件涵盖的普遍适用措施的咨询。

五、各方监管机构应使其要求可公开获得，包括任何为完成金融服务提供申请所需要的材料。

六、各方监管机构应在 180 日内，对另一方金融服务提供者拟在

---

① 对澳方而言，"自律组织"是指各种非政府机构，包括证券或期货交易所或市场，清算或支付结算代理，对金融服务提供者或金融机构自行或受委托监管或监督的其他组织或协会；对中方而言，"自律组织"是指根据中国法律和法规，中央政府认可为自律组织的机构。

② 双方确认其共同理解，即本条所指的"利益相关方"应该仅包括那些直接金融利益可能受普遍适用规定影响的人。

其领土内提供金融服务的完备申请作出行政决定。在可能情况下，以书面形式通知申请者，不得无故拖延。

（一）只有所有相关程序都得到履行，且监管机构认为已收到所有必要信息，该申请才应被视为完备；并且

（二）如果在 180 日内不能作出决定，有关监管机构应立即通知申请者，并努力在随后合理的时间内作出决定。

七、对于未获批准的申请者以书面方式提出的请求，拒绝该申请的监管机构应努力以书面形式告之拒绝申请的原因。

第六条　争端解决

关于审慎措施和其他金融事项的争端，依据第十五章（争端解决）设立的仲裁庭的仲裁员，应具备与争议中的具体金融服务有关的必要专门知识。

第七条　金融服务委员会

一、双方特此设立金融服务委员会（以下简称"委员会"）。

二、该委员会应包括各方负责金融服务的部门官员。负责金融服务的部门：

（一）对澳大利亚而言，包括财政部、外交贸易部，必要时包括澳大利亚审慎监管局、澳大利亚储备银行、澳大利亚证券和投资委员会等相关监管部门的官员；并且

（二）对中国而言，包括商务部，必要时包括中国人民银行、中国银行业监督管理委员会、中国证券监督管理委员会、中国保险监督管理委员会、外汇管理局等监管机构的官员。

三、金融服务委员会应：

（一）监督本附件的实施及进一步扩充；并且

（二）考虑一方提出的有关金融服务的问题，包括双方如何将其金融服务的市场发展情况纳入本协定，以及在金融服务领域如何更加有效地开展合作。

四、委员会应每两年，或按双方商定举行会议，评估本协定在金融服务领域的实施情况。

第八条　磋商

一方可要求与另一方磋商本协定项下任何影响金融服务的问题，另一方应以体谅态度考虑该要求。

附录4 《中国—新西兰自由贸易协定》服务贸易具体承诺减让表

第一部分 中方服务贸易具体承诺减让表（不含附件）

服务提供方式：（1）跨境支付 （2）境外消费 （3）商业存在

部门或分部门	市场准入限制	国民待遇限制	其他承诺
一、水平承诺			
本减让表中包括的所有部门	（3）在中国，外商投资企业包括外资企业（也称为外商独资企业）和合资企业，合资企业有两种类型：股权式合资企业和契约式合资企业。① 股权式合资企业中的外资比例不得少于该合资企业注册资本的25%。 由于关于外国企业分支机构的法律和法规正在制定中，因此对于外国企业在中国设立分支机构不做承诺，除非在具体分部门中另有说明。	（3）对于给予视听服务、空运服务和医疗服务部门中的国内服务提供者的所有现有补贴不做承诺。	

① 依照中国法律、法规及其他措施订立的设立"契约式合资企业"的合同条款，规定诸如该合资企业经营方式和管理方式以及合资方的投资或参与方式等事项。契约式合资企业的参与方式根据合资企业的合同决定，并不要求所有参与方均进行资金投入。本减让表中的"外商投资企业"指根据《中外合资经营企业法》、《中外合作经营企业法》、《外资企业法》合法设立的外商投资企业。

续表

服务提供方式：（1）跨境交付（2）境外消费（3）商业存在		
部门或分部门	市场准入限制	国民待遇限制	其他承诺

标明。

允许在中国设立外国企业的代表处，但代表处不得从事任何营利性活动，在 CPC 861、862、863、865 下部门具体承诺中的代表处除外。

中华人民共和国的土地归国家所有。企业和个人使用土地需遵守下列最长期限限制：

（一）居住目的为 70 年；

（二）工业目的为 50 年；

（三）教育、科学、文化、公共卫生和体育目的为 50 年；

（四）商业、旅游、娱乐目的为 40 年；

（五）综合利用或其他目的为 50 年。

续表

服务提供方式：（1）跨境支付　（2）境外消费　（3）商业存在

部门或分部门	市场准入限制	国民待遇限制	其他承诺
二、具体承诺			
A. 专业服务 a. 法律服务 （CPC 861, 不含中国法律业务）	(1) 没有限制 (2) 没有限制 (3) 外国律师事务所只能在北京、上海、广州、深圳、海口、大连、青岛、宁波、烟台、天津、苏州、厦门、珠海、杭州、福州、武汉、成都、沈阳和昆明以代表处的形式提供法律服务。 代表处可从事营利性活动； 驻华代表处的数量不得少于截止中国加入之日已设立的数量。一外国律师事务所只能设立一个驻华代表处。上述地域限制和数量限制将在中国加入WTO后1年内取消。 外国代表处的业务范围仅限于下列内容： （a）就该律师事务所律师获允许从事律师业务的国家/地区的法律及就国际公约和惯例向客户提供咨询；	(1) 没有限制 (2) 没有限制 (3) 所有代表在华居留时间每年不得少于6个月。代表处不得雇佣中国国家注册律师。	

续表

服务提供方式：(1) 跨境支付 (2) 境外消费 (3) 商业存在

部门或分部门	市场准入限制	国民待遇限制	其他承诺
	(b) 应客户或中国法律事务所的委托，处理该律师事务所允许从事律师业务的国家/地区的法律事务； (c) 代表外国客户，委托中国律师事务所处理中国法律事务； (d) 订立合同以保持与中国律师事务所有关法律事务的长期委托关系； (e) 提供有关中国法律环境影响的信息。按双方议定，委托允许外国代表处直接指示受委托的中国律师事务所的律师。 外国律师事务所的代表应为执业律师，为一WTO成员的律师协会或律师公会的会员，且在中国境外执业不少于2年。首席代表应为一WTO成员的律师事务所的合伙人或成员同职位人员（如一有限责任公司律师事务所的成员），且在中国境外执业不少于3年。		

续表

服务提供方式：（1）跨境支付（2）境外消费（3）商业存在

部门或分部门	市场准入限制	国民待遇限制	其他承诺
b. 会计、审计和簿记服务（CPC 862）	（1）没有限制 （2）没有限制 （3）合伙或有限责任会计师事务所只限于中国主管机关批准的注册会计师。	（1）没有限制 （2）没有限制 （3）没有限制	—允许外国会计师事务所与中国会计师事务所结成联合所，并与其他联合所订立合作合同。 —自加入 WTO 时起，在对通过中国国家注册会计师资格考试的外国人发放执业许可方面，应给予国民待遇。 —申请人格在不迟于提出申请后 30 天以书面形式被告知结果。

续表

服务提供方式：（1）跨境支付（2）境外消费（3）商业存在

部门或分部门	市场准入限制	国民待遇限制	其他承诺
			一现有中外合作会计师事务所仅限于中国主管机关批准的注册会计师。 一提供 CPC 862 中所列服务的会计师事务所可以从事税收服务、和管理咨询服务。它们不受在 CPC 865 和 8630 中关于设立形式的要求的约束。
c. 税收服务（CPC 8630）	(1) 没有限制 (2) 没有限制 (3) 仅限于合资企业形式，允许外资拥有多数股权。中国加入后 6 年内，取消限制，外国公司将被允许设立外资独资子公司。	(1) 没有限制 (2) 没有限制 (3) 没有限制	

续表

服务提供方式：（1）跨境交付 （2）境外消费 （3）商业存在

部门或分部门	市场准入限制	国民待遇限制	其他承诺
d. 建筑设计服务（CPC 8671） e. 工程服务（CPC 8672） f. 集中工程服务（CPC 8673） g. 城市规划服务（城市总体规划服务除外）（CPC 8674）	（1）对于方案设计没有限制。要求与中国专业机构进行合作，方案设计除外。 （2）没有限制。 （3）仅限于合资企业形式，允许外资拥有多数股权。中国加入 WTO 后 5 年内，允许设立外商独资企业。	（1）没有限制 （2）没有限制 （3）外国服务提供者应为在其本国从事建筑/城市规划服务的注册建筑师/工程师或企业。	
h. 医疗和牙医服务（CPC 9312）	（1）没有限制 （2）没有限制 （3）允许外国服务提供者与中国合资伙伴一起设立合资医院或诊所，设有数量限制，以符合中国的需要，允许外资拥有多数股权。	（1）没有限制 （2）没有限制 （3）合资医院和诊所的大多数医生和医务人员应具有中国国籍。	

续表

服务提供方式：(1) 跨境支付 (2) 境外消费 (3) 商业存在

部门或分部门	市场准入限制	国民待遇限制	其他承诺
B. 计算机及其相关服务（服务条款中要求计算机及相关服务作为提供手段的经济活动除外）（CPC 841） a. 与计算机硬件安装有关的各咨询服务	(1) 没有限制 (2) 没有限制 (3) 没有限制	(1) 没有限制 (2) 没有限制 (3) 没有限制	
b. 软件实施服务（CPC 842） c. 数据处理服务（CPC 843） 一输入准备服务（CPC 8431）	(1) 没有限制 (2) 没有限制 (3) 允许设立外资独资公司	(1) 没有限制 (2) 没有限制 (3) 没有限制	

续表

服务提供方式：(1) 跨境支付　(2) 境外消费　(3) 商业存在

部门或分部门	市场准入限制	国民待遇限制	其他承诺
一数据处理和制表服务（CPC 8432）一分时服务（CPC 8433）	(1) 没有限制 (2) 没有限制 (3) 没有限制	(1) 没有限制 (2) 没有限制 (3) 没有限制	
D. 房地产服务 a. 涉及自有或租赁资产的房地产服务（CPC 821）	(1) 没有限制 (2) 没有限制 (3) 除下列内容外，没有限制：对于高标准房地产项目①，如公寓和写字楼，不允许设立外商独资企业，但不包括豪华饭店。	(1) 没有限制 (2) 没有限制 (3) 没有限制	
b. 以收费或合同为基础的房地产服务（CPC 822）	(1) 没有限制 (2) 没有限制 (3) 仅限于合资企业形式，允许外资拥有多数股权。	(1) 没有限制 (2) 没有限制 (3) 没有限制	

① 高标准房地产项目指单位建设成本高出同一城市平均单位建设成本 2 倍的房地产项目。

续表

服务提供方式：(1) 跨境支付 (2) 境外消费 (3) 商业存在

部门或分部门	市场准入限制	国民待遇限制	其他承诺
F. 其他商业服务 a. 广告服务 （CPC 871）	(1) 仅限于通过在中国注册的、有权提供外国广告服务的广告代理。 (2) 仅限于通过在中国注册的、有权提供外国广告服务的广告代理。 (3) 允许外国服务提供者仅限于以合资企业形式，在中国设立广告公司，外资不超过49%。 中国加入后2年内，将允许外资拥有多数股权。中国加入后4年内，将允许设立外资独资子公司。	(1) 没有限制 (2) 没有限制 (3) 没有限制	
c. 管理咨询服务 （CPC 865）	(1) 没有限制 (2) 没有限制 (3) 仅限于合资企业形式，允许外资拥有多数股权。 中国加入后6年内，取消限制，允许中国公司设立外资独资子公司。	(1) 没有限制 (2) 没有限制 (3) 没有限制	

续表

服务提供方式：(1) 跨境交付 (2) 境外消费 (3) 商业存在

部门或分部门	市场准入限制	国民待遇限制	其他承诺
d. 与管理咨询相关的服务（仅限下列分部门）—除建筑外的项目管理服务（CPC 86601）	(1) 没有限制 (2) 没有限制 (3) 仅限于合资企业形式，允许外资拥有多数股权，需进行经济需求测试。	(1) 不做承诺 (2) 不做承诺 (3) 不做承诺	
e. 技术测试和分析服务（CPC 8676）及 CPC 749 涵盖的货物检验服务，不包括货物检验服务中的法定检验服务	(1) 没有限制 (2) 没有限制 (3) 允许已在本国从事检验服务设立合资技术测试、分析和货物检验公司，注册资本不少于 35 万美元。中国加入后 2 年内，将允许外资拥有多数股权。中国加入后 4 年内，将允许设立外资独资子公司。	(1) 没有限制 (2) 没有限制 (3) 没有限制	

续表

服务提供方式：（1）跨境交付（2）境外消费（3）商业存在

部门或分部门	市场准入限制	国民待遇限制	其他承诺
f. 与农业、林业、狩猎和渔业有关的服务（CPC 881，882） m. 相关科学技术咨询服务（CPC 8675）	（1）没有限制 （2）没有限制 （3）仅限于合资企业形式，允许外资拥有多数股权。	（1）没有限制 （2）没有限制 （3）没有限制	
一近海石油服务地质、地球物理和其他科学勘探服务（CPC 86751）地下勘测服务（CPC 86752）	（1）没有限制 （2）没有限制 （3）仅限于以与中国合资伙伴合作开采石油的方式。	（1）没有限制 （2）没有限制 （3）没有限制	
一陆上石油服务	（1）没有限制 （2）没有限制 （3）仅限于以与中国石油天然气总公司（CNPC）合作在经中国政府批准的指定区域内开采石油的方式。	（1）没有限制 （2）没有限制 （3）外国服务提供者应准确并迅速地向中国石油天然气总公司提供关于石油经营	

续表

服务提供方式：(1) 跨境支付 (2) 境外消费 (3) 商业存在

部门或分部门	市场准入限制	国民待遇限制	其他承诺
	为执行石油合同，外国服务提供者应在中华人民共和国领土内设立一分公司、子公司或代表处，并依法完成注册手续。所述机构的设立地点应通过与中国石油天然气总公司协商确定。外国服务提供者应在中国领土内从事外汇业务的银行开设银行账户。	的报告，并应向中国石油天然气总公司提交与石油天然气经营有关的所有数据和样品以及各种技术、经济、会计和管理报告。中国石油天然气总公司应对在中国实施石油经营过程中获得的数据记录、样品、凭证及其他原始信息拥有所有权。外国服务提供者的投资应以美元或其他硬通货支付。	
p. 摄影服务（CPC 875）	(1) 没有限制 (2) 没有限制 (3) 仅限于合资企业形式，允许外资拥有多数股权。	(1) 没有限制 (2) 没有限制 (3) 没有限制	

续表

服务提供方式：（1）跨境支付（2）境外消费（3）商业存在

部门或分部门	市场准入限制	国民待遇限制	其他承诺
q. 包装服务（CPC 876）	（1）没有限制 （2）没有限制 （3）将允许外国服务提供者在中国设立合资企业。中国加入后1年内，将允许外资拥有多数股权。加入后3年内，将允许外国服务提供者设立外资独资子公司。	（1）没有限制 （2）没有限制 （3）没有限制	
s. 会议服务（CPC 87909）	（1）没有限制 （2）没有限制 （3）仅限于合资企业形式，允许外资拥有多数股权。	（1）没有限制 （2）没有限制 （3）没有限制	
t. 笔译和口译服务（CPC 87905）	（1）没有限制 （2）没有限制 （3）仅限于合资企业形式，允许外资拥有多数股权。	（1）没有限制 （2）没有限制 （3）没有限制	

续表

服务提供方式：(1) 跨境支付 (2) 境外消费 (3) 商业存在

部门或分部门	市场准入限制	国民待遇限制	其他承诺
一维修服务（CPC 63、6112 和 6122）一办公机械和设备（包括计算机）维修服务（CPC 845 和 886）一租赁服务（CPC 831、832，不包括 CPC 83202）	(1) 没有限制 (2) 没有限制 (3) 仅限于合资企业形式。中国加入后 1 年内，将允许外资拥有多数股权。中国加入后 3 年内，将允许设立外资独资子公司。租赁服务：服务提供者的全球资产应达到 500 万美元。	(1) 没有限制 (2) 没有限制 (3) 没有限制	
2. 通信服务 B. 速递服务（CPC 75121，现由中国邮政部门依法专营的服务除外）	(1) 没有限制 (2) 没有限制 (3) 加入时，将允许外国服务提供者设立合资企业，外资不超过 49%。中国加入后 1 年内，将允许外资拥有多数股权。中国加入后 4 年内，将允许外国服务提供者设立外资独资子公司。	(1) 没有限制 (2) 没有限制 (3) 没有限制	

续表

服务提供方式：(1) 跨境支付 (2) 境外消费 (3) 商业存在

部门或分部门	市场准入限制	国民待遇限制	其他承诺
C. 电信服务① 增值电信服务，包括： h. 电子邮件 i. 语音邮件 j. 在线信息和数据检索 k. 电子数据交换 l. 增值传真服务（包括储存和发送、储存和检索） m. 编码和规程转换 n. 在线信息和/或数据处理（包括交易处理）	(1) 见模式3 (2) 没有限制 (3) 将允许外国服务提供者在上海、广州和北京设立合资增值电信企业，并在这些城市内提供增值服务，无数量限制。合资企业中的外资不得超过30%。 中国加入后1年内，地域将扩大至包括成都、重庆、大连、福州、杭州、南京、宁波、青岛、沈阳、深圳、厦门、西安、太原和武汉，外资不得超过49%。 中国加入后2年内，将取消地域限制，外资不得超过50%。	(1) 没有限制 (2) 没有限制 (3) 没有限制	中国承担本减让表所附附件1中《参考文件》所包含的义务。

① 中国的承诺按照本减让表所附下列文件列入减让表：《关于编制基础电信服务承诺减让表的说明》（S/GBT/W/2/REV. 1号文件）和《关于频率可获性的市场准入限制》（S/GBT/W/3号文件）所有国际通信服务应通过经中国电信主管机关批准设立的出入口局进行，中国电信主管机关将依照《参考文件》第5款的原则作为独立的监管机构运作。电信服务不涵盖包括通过电信服务承载提供内容服务的经济活动。

服务提供方式：（1）跨境交付　（2）境外消费　（3）商业存在

部门或分部门	市场准入限制	国民待遇限制	其他承诺
基础电信服务 —寻呼服务	（1）见模式3 （2）没有限制 （3）将允许外国服务提供者在上海、广州和北京设立合资企业，并在这些城市内及其之间提供服务，无数量限制。合资企业中的外资不得超过30%。中国加入后1年内，地域将扩大至包括成都、重庆、大连、福州、杭州、南京、宁波、青岛、沈阳、深圳、厦门、西安、太原和武汉市内及这些城市之间的服务，外资不得超过49%。中国加入2年内，将取消地域限制，外资不得超过50%。	（1）没有限制 （2）没有限制 （3）没有限制	中国承担本减让表所附附件1中《参考文件》所包含的义务。
移动话音和数据服务 —模拟/数据/蜂窝服务 —个人通信服务	（1）见模式3 （2）没有限制 （3）自中国加入时起，将允许外国服务提供者在上海、广州和北京设立合资企业，并在这些城市内及其之间提供服	（1）没有限制 （2）没有限制 （3）没有限制	

续表

部门或分部门	服务提供方式: (1) 跨境交付 (2) 境外消费 (3) 商业存在		其他承诺
	市场准入限制	国民待遇限制	
	务, 无数量限制。合资企业中的外资不得超过25%。加入后1年内, 地域将扩大至包括成都、重庆、青岛、沈阳、大连、福州、杭州、南京、宁波、深圳、厦门、西安、太原和武汉市内及这些城市之间的服务, 外资比例不得超过35%。加入后3年内, 外资不得超过49%。加入后5年内, 将取消地域限制。		
一 国内业务	(1) 见模式3	(1) 没有限制	
a. 话音服务	(2) 没有限制	(2) 没有限制	
b. 分组交换数据传输业务	(3) 中国加入后3年内, 允许外国服务提供者在上海、广州和北京设立合资企业, 并在这些城市内及其之间提供服	(3) 没有限制	
c. 电路交换数据传输业务	务, 无数量限制。合资企业中的外资不得超过25%。		
f. 传真服务	中国加入后5年内, 地域将扩大至包括在成都、重庆、大连、福州、杭州、		
g. 国内专线电路租用服务			

续表

服务提供方式：(1) 跨境支付 (2) 境外消费 (3) 商业存在

部门或分部门	市场准入限制	国民待遇限制	其他承诺
一、国际业务 a. 话音服务 b. 分组交换数据传输业务 c. 电路交换数据传输业务 f. 传真业务 g. 国际闭合用户群话音和数据服务（允许使用专线电路租用服务）	南京、宁波、青岛、沈阳、深圳、厦门、西安、太原和武汉市内及这些城市之间的服务。外资不得超过35%。中国加入后6年内，将取消地域限制，外资不得超过49%。		
D. 视听服务 一录像服务的分销服务，包括娱乐软件及(CPC 83202) 一录音制品分销服务	(1) 没有限制 (2) 没有限制 (3) 自加入时起，在不损害中国审查音像制品内容的权利的情况下，允许外国服务提供者与中国合资设立合作企业，从事除电影外的音像制品的分销。	(1) 没有限制 (2) 没有限制 (3) 没有限制	在不损害与中国关于电影管理的法规的一致性的情况下，自加入时起，中国将允许以分账形式进口电影用于影院放映，此类进口电影的数量应为每年20部。

续表

服务提供方式：(1) 跨境支付 (2) 境外消费 (3) 商业存在

部门或分部门	市场准入限制	国民待遇限制	其他承诺
一电影院服务	(1) 没有限制 (2) 没有限制 (3) 自加入时起，将允许外国服务提供者建设和/或改造电影院，外资不得超过49%。	(1) 没有限制 (2) 没有限制 (3) 没有限制	
3. 建筑及相关工程服务 （CPC 511, 512, 513①, 514, 515, 516, 517, 518②）	(1) 不做承诺* (2) 没有限制 (3) 仅限于合资企业形式，允许外资拥有多数股权。中国加入 WTO 后 3 年内，允许设立外商独资企业。外商独资建筑企业只能承揽下列 4 种类型的建筑项目：	(1) 不做承诺* (2) 没有限制 (3) 除下列内容外，没有限制： (a) 现行合资建筑企业注册资本要求与国内企业的要求本要求略有不同； (b) 合资建筑企业有承揽外资建筑项目的义务。	

① 包括与基础设施建设有关的疏浚服务。
② CPC 518 的涵盖范围仅限于为外国建筑企业在其提供服务过程中所拥有和所使用的配有操作人员的建筑和/或拆除机器的租赁服务。
* 由于技术上缺乏可行性，不做承诺。

服务提供方式：(1) 跨境交付 (2) 境外消费 (3) 商业存在

部门或分部门	市场准入限制	国民待遇限制	其他承诺
	1. 全部由外国投资和/或赠款资助的建设项目。 2. 由国际金融机构资助并通过根据贷款条件进行的国际招标授予的建设项目。 3. 外资等于或超过 50% 的中外联合建设项目；及外资少于 50%，但因技术困难而不能由中国建筑企业独立实施的中外联合建设项目。 4. 由中国投资，但中国建筑企业难以独立实施的建设项目，经省政府批准，可由中外建筑企业联合承揽。	中国加入 WTO 后 3 年内，取消限制。	
4. 分销服务			

续表

服务提供方式：(1) 跨境支付 (2) 境外消费 (3) 商业存在

部门或分部门	市场准入限制	国民待遇限制	其他承诺
（定义见附件 2） A. 佣金代理服务①（不包括盐和烟草） B. 批发服务①（不包括盐和烟草）	(1) 不做承诺 (2) 没有限制 (3) 中国加入 WTO 后 1 年内，外国服务提供者可设立合资企业，从事所有批发业务。对下列产品除外，外国服务提供者在中国加入后 3 年内，从事图书、报纸、杂志、药品、农药和农膜的分销，并在中国加入后 5 年内，从事化肥、成品油和原油的分销。 中国加入 WTO 后 2 年内，将允许外资拥有多数股权，取消地域或数量限制。 中国加入后 3 年内，取消限制，但对干化肥、成品油和原油在加入后 5 年内取消限制。	(1) 不做承诺 (2) 没有限制 (3) 没有限制	允许外商投资企业分销其在中国生产的产品，包括在市场准入或部门栏中所列产品，并提供附件 2 中定义的附属服务。 允许外国服务提供者对其分销的产品，提供按附件 2 定义的、全部相关附属服务，包括售后服务。

① 对模式 1 下的限制不应损害 WTO 成员在《中国加入 WTO 议定书》第 5 条中规定的贸易权。

续表

服务提供方式：（1）跨境支付（2）境外消费（3）商业存在

部门或分部门	市场准入限制	国民待遇限制	其他承诺
C. 零售服务（不包括烟草）	（1）除邮购外，不做承诺 （2）没有限制 （3）外国服务提供者仅限于以合资企业形式在5个经济特区（深圳、珠海、汕头、厦门和海南）和6个城市（北京、上海、天津、广州、大连和青岛）提供服务。在北京和上海，允许存在的合资零售企业的总数不超过4家。在其他每一城市，将允许的合资零售企业各不超过2家。将在北京设立的4家合资零售企业中的2家可在同一城市（即北京）设立其分支机构。 自中国加入WTO时起，郑州和武汉将立即向合资零售企业开放。中国加入WTO后2年内，在合资零售企业中将允许外资持有多数股权，将向合资零售企业开放所有省会城市及重庆和宁波。	（1）除邮购外，不做承诺 （2）没有限制 （3）没有限制	允许外商投资企业分销其在中国生产的产品，包括在市场准入或部门栏中所列产品，并提供附件2中定义的附属服务。 允许外国服务提供者对其分销的产品，提供按附件2定义的、全部相关附属服务，包括售后服务。

续表

服务提供方式：(1) 跨境支付 (2) 境外消费 (3) 商业存在

部门或分部门	市场准入限制	国民待遇限制	其他承诺
	将允许外国服务提供者从事除下列产品外的所有产品的零售，加入后1年内允许从事图书、报纸和杂志的零售；加入后3年内，允许从事药品、农药、农膜和成品油的零售；加入后5年内，允许从事化肥的零售。中国加入后3年内，取消限制，但下列产品除外： 一化肥的零售，加入后5年内，取消限制；及 一超过30家分店、销售来自多个供应商的不同种类和品牌商品的连锁店。对于此类超过30家分店的连锁店，如这些连锁店销售任何下列产品之一，则不允许外资拥有多数股权：汽车（期限为加入后5年，届时股比限制将取消），及以上所列产品和《中国加入WTO议定书》附件2A中所列产品。外国连锁店经营者将有权选择根据中国法律和法规在中国合法设立的任何合资伙伴。		

服务提供方式：(1) 跨境支付 (2) 境外消费 (3) 商业存在

部门或分部门	市场准入限制	国民待遇限制	其他承诺
D. 特许经营	(1) 没有限制 (2) 没有限制 (3) 中国加入 WTO 后 3 年内，取消限制。	(1) 没有限制 (2) 没有限制 (3) 中国加入 WTO 后 3 年内，取消限制。	
E. 无固定地点的批发或零售服务	(1) 没有限制 (2) 没有限制 (3) 中国加入 WTO 后 3 年内，取消限制。①	(1) 没有限制 (2) 没有限制 (3) 中国加入 WTO 后 3 年内，取消限制。	
5. 教育服务 （不包括特殊教育服务，如军事、警察、政治和党校教育）	(1) 不做承诺 (2) 没有限制 (3) 将允许中外合作办学，外方可获得多数拥有权。	(1) 不做承诺 (2) 没有限制 (3) 不做承诺	中国将在教育部"教育涉外监管信息网"上（www. jsj. edu. cn）公布新西

① 见《工作组报告书》第 310 段。

续表

服务提供方式：(1) 跨境支付 (2) 境外消费 (3) 商业存在

部门或分部门	市场准入限制	国民待遇限制	其他承诺
A. 初等教育服务（CPC 921，不包括 CPC 92190 中的国家义务教育）			兰 8 所大学、20 所理工学院，Te Wananga o Aotearoa、Te Whare Wananga o Awanui-arangi 和 Te Wananga o Raukawa，以及以下 6 所经新西兰资格认证局（NZQA）批准和认证的颁发学士学位的私立院校名单：Auckland Institute of Studies at St Helens、International Pacific College New Zealand、New Zealand College of Chiropractic、Pacific International Hotel Manage-
B. 中等教育服务（CPC 922，不包括 CPC 92210 中的国家义务教育）			
C. 高等教育服务（CPC 923）			
D. 成人教育服务（CPC 924）			
E. 其他教育服务（CPC 929，包括英语语言培训）			

续表

部门或分部门	市场准入限制	国民待遇限制	其他承诺
			ment School, Te Kura Toi Whakaari o Aotearoa: New Zealand Drama School, Whitecliff College of Arts and Design。双方将在官方层面共同开展对包含远程教育内容在内的资格质量保障标准的评估。
6. 环境服务 （不包括环境质量监测和污染源检查） A. 排污服务（CPC 9401） B. 固体废物处理服务（CPC 9402）	（1）除环境咨询服务外，不做承诺 （2）没有限制 （3）合资企业，允许外资拥有多数股权。允许设立外商独资企业。	（1）没有限制 （2）没有限制 （3）没有限制	

服务提供方式：(1) 跨境支付　(2) 境外消费　(3) 商业存在

续表

服务提供方式：(1) 跨境交付 (2) 境外消费 (3) 商业存在

部门或分部门	市场准入限制	国民待遇限制	其他承诺
C. 废气清理服务（CPC 9404）			
D. 降低噪音服务（CPC 9405）			
E. 自然和风景保护服务（CPC 9406）			
F. 其他环境保护服务（CPC 9409）			
G. 卫生服务（CPC 9403）			
7. 金融服务			

续表

服务提供方式：（1）跨境交付 （2）境外消费 （3）商业存在

部门或分部门	市场准入限制	国民待遇限制	其他承诺
A. 所有保险及其相关服务① a. 寿险、健康险和养老金/年金险 b. 非寿险 c. 再保险 d. 保险附属服务	(1) 除下列内容外，不做承诺； a) 再保险； b) 国际海运、空运和运输保险；及 c) 大型商业险经纪、国际海运、空运和运输保险经纪，及再保险经纪。 (2) 保险经纪不做承诺。其他，没有限制。 (3) A. 企业形式 将允许外国非寿险公司设立分公司或合资企业，外资占51%。中国加入后2年内，将允许外国非寿险公司设立外资独资子公司，取消企业形式限制。 自加入时起，将允许外国寿险公司设立外资占50%的合资企业，并可自行选择合资伙伴。 合资企业合资伙伴有权议定合作条款，只要它们不超过本减让表所包含承诺的限度。	(1) 没有限制 (2) 没有限制 (3) 没有限制，下列内容除外： 一外国保险机构不得从事法定保险业务。 一自加入时起，要求就非寿险、个人事故和健康险的基本风险的所有业务向一定指定的中国再保险公司进行20%的分保；加入后1年，分保比例为15%；加入后2年，分保比例应为10%；加入后3年，	

① 加入后，中方向外国保险公司提供的任何进一步授权，如其条件优于本减让表中所含条件（包括通过设立分公司、支公司或任何其他法律形式而使受祖父条款的投资得到扩大），则将向曾提出要求的其他外国服务提供者提供。

部门或分部门	市场准入限制	国民待遇限制	其他承诺
服务提供方式：（1）跨境交付（2）境外消费（3）商业存在			
	对于大型商业险经纪、再保险经纪、国际海运、空运和运输保险和再保险经纪：自加入时起，将允许设立外资经纪业务，自加入时起，将允许设立外资经纪：自加入时起，将允许设立外资企业；中国加入后3年内，外资股比应增至51%，中国加入后5年内，将允许设立外资独资子公司。对于其他经纪服务，不做承诺。 将允许保险公司随着地域限制的逐步取消设立内部分支机构。 B. 地域范围 自加入时起，将允许外国寿险和非寿险公司及保险经纪公司在上海、广州、大连、深圳和佛山提供服务。 中国加入后2年内，将允许外国寿险和非寿险公司及保险经纪公司在下列城市提供服务：北京、成都、重庆、福州、苏州、厦门、宁波、沈阳、武汉和天津。中国加入后3年内，将取消地域限制。	分保比例应为5%，加入后4年，不要求任何强制分保。	

续表

服务提供方式：（1）跨境交付（2）境外消费（3）商业存在

部门或分部门	市场准入限制	国民待遇限制	其他承诺
	C. 业务范围 自加入时起，将允许外国非寿险公司提供无地域限制的"统括保单"大型商业险保险。依照国民待遇，将允许外国保险经纪公司不迟于中国保险经纪公司，并以不低于中国保险经纪公司的条件提供"统括保单"业务。 允许外国非寿险公司自加入时起向境外企业提供保险，并向在中国的外商投资企业提供财产险、相关责任险和信用险。中国加入后2年内，将允许外国非寿险公司向国内和国外客户提供全部非寿险服务。 允许外国保险公司向外国人和中国公民提供个人（非团体）险服务；中国加入后3年内，将允许外国保险公司向外国人和中国人提供健康险、团体险和养老险/年金险。		

续表

服务提供方式：（1）跨境支付 （2）境外消费 （3）商业存在

部门或分部门	市场准入限制	国民待遇限制	其他承诺
	自加入时起，将允许外国保险公司以分公司、合资企业或外资独资子公司的形式提供寿险的再保险服务，无地域限制或发放营业许可的数量限制。 D. 许可 自加入时起，许可的发放将没有经济需求测试或许可的数量限制。设立外资保险机构的资格条件如下： 一投资者应为在一 WTO 成员中有 30 年以上设立商业机构经验的外国保险公司； 一应连续 2 年在中国设有代表处； 一在提出申请的前一年年末总资产应超过 50 亿美元，但保险经纪公司除外。保险经纪公司的总资产应超过 5 亿美元。加入后 1 年内，其总资产应超过 4 亿美元。加入后 2 年内，其总资产应超过 3 亿美元。加入后 4 年内，其总资产应超过 2 亿美元。		

续表

服务提供方式：(1) 跨境支付　(2) 境外消费　(3) 商业存在

部门或分部门	市场准入限制	国民待遇限制	其他承诺
B. 银行及其他金融服务（不包括保险和证券） 银行服务如下所列： a. 接收公众存款和其他应付公众资金； b. 所有类型的贷款，包括消费信贷、抵押信贷、商业交易的代理和融资； c. 金融租赁； d. 所有支付和汇划服务，包括信用卡、赊账卡、旅行支票和银行支票（包括行汇票）	(1) 除下列内容外，不做承诺： —提供和转让金融信息、金融数据处理以及与其他金融服务提供者有关的软件； —就（a）至（k）项所列所有活动进行咨询、中介和其他附属服务，包括资信调查和分析，投资和证券的研究和建议，关于收购的建议以及重组和战略制定的建议。 (2) 没有限制 (3) A. 地域限制 对于外汇业务，自加入时起，无地域限制。对于本币业务，地域限制将按下列时间表逐步取消：自加入时起，开放上海、深圳、天津和大连；加入后1年内，开放广州、珠海、青岛、南京和武汉；加入后2年内，开放济南、福州、成都和重庆；加入后3年内，开放昆明、北京和西安；加入后4年内，开放汕头、宁波、沈阳和西安；加入后5年内，将取消所有地域限制。	(1) 没有限制 (2) 没有限制 (3) 除关于本币业务的地域限制和客户限制（列在市场准入栏中）外，外国金融机构可以同外商投资企业、非中国自然人、中国自然人和中国企业进行业务往来，无个案批准的限制或需要。其他，没有限制。	对于金融租赁服务，将允许外国金融租赁公司与国内公司在相同时间提供金融租赁服务。

续表

服务提供方式：(1) 跨境支付 (2) 境外消费 (3) 商业存在

部门或分部门	市场准入限制	国民待遇限制	其他承诺
进出口结算； e. 担保和承诺； f. 自行或代客外汇交易。	B. 客户 对于外汇业务：允许外国金融机构自加入时起在中国提供服务，无客户限制。 对于本币业务，加入后 2 年内，允许外国金融机构向中国企业提供服务。加入后 5 年内，允许外国金融机构向所有中国客户提供服务。获得在中国一地区从事本币业务营业许可的外国金融机构可向位于已开放此地区的客户提供服务任何其他地区的客户提供服务。 C. 营业许可 中国金融服务部门进行经营的批准标准仅为审慎性的（即不含经济需求测试或营业许可的数量限制）。加入后 5 年内，应取消现在对所有权、经营及外国金融机构法律形式的任何非审慎性措施，包括关于内部分支机构和营业许可的措施。 满足下列条件的外国金融机构允许在中国设立外国独资银行或外国独资财务公司：		

续表

服务提供方式：(1) 跨境交付　(2) 境外消费　(3) 商业存在

部门或分部门	市场准入限制	国民待遇限制	其他承诺
	一提出申请前一年末总资产超过100亿美元。 满足下列条件的外国金融机构允许在中国设立外国银行的分行： 一提出申请前一年末总资产超过200亿美元。 满足下列条件的外国金融机构允许在中国设立中外合资银行或中外合资财务公司： 一提出申请前一年末总资产超过100亿美元。 从事本币业务的外国金融机构的资格如下： 一在中国营业3年，且在申请前连续2年盈利。其他。其他，没有限制。		

服务提供方式：（1）跨境交付 （2）境外消费 （3）商业存在

部门或分部门	市场准入限制	国民待遇限制	其他承诺
一非银行金融机构从事汽车消费信资	（1）除下列内容外，不做承诺：—提供和转让金融信息、金融数据处理以及与其他金融服务提供者有关的软件；—就（a）至（k）项所列所有活动进行咨询、中介和其他附属服务，包括资信调查和分析，投资和证券研究和建议，关于收购的建议和战略和关于公司重组和战略制定的建议。 （2）没有限制 （3）没有限制	（1）不做承诺 （2）没有限制 （3）没有限制	
一其他金融服务如下： k. 提供和转让金融信息、金融数据处理以及其他金融服务有关的软件；	（1）没有限制 （2）没有限制 （3）没有限制，中国金融服务部门进行经营的批准标准仅为审慎性的（即不含经济需求测试或营业许可的数量限制）。允许外国机构设立分支机构。	（1）没有限制 （2）没有限制 （3）没有限制	

续表

服务提供方式：（1）跨境支付（2）境外消费（3）商业存在

部门或分部门	市场准入限制	国民待遇限制	其他承诺
1. 就（a）至（k）项所列所有话动进行咨询、中介和其他附属服务，包括资信调查和分析、投资和证券研究和建议、关于收购的建议和关于公司重组和战略的建议。			
一证券服务	（1）除下列内容外，不做承诺： 一外国证券机构可直接（不通过中国中介）从事 B 股交易。 （2）没有限制 （3）a. 除下列内容外，不做承诺。 一自加入时起，外国证券机构在中国证券交易所的代表处可成为所有中国证券交易所的特别会员。	（1）没有限制 （2）没有限制 （3）没有限制	

续表

服务提供方式：(1) 跨境支付 (2) 境外消费 (3) 商业存在

部门或分部门	市场准入限制	国民待遇限制	其他承诺
	一自加入时起，允许外国服务提供者设立合资公司，从事合资证券投资基金管理业务，外资最多可达33%。中国加入后3年内，外资应增加至49%。中国加入后3年内，将允许外国证券公司设立合资公司，外资拥有不超过1/3的少数股权，合资公司可从事1/3的中方中介）A股的承销，B股和H股及政府和公司债券的承销和交易、基金的发起。 b. 中国金融服务部门进行经营的批准标准仅为审慎性的（即不含经济需求测试或营业许可的数量限制）。		
9. 旅游及与旅行相关的服务			
A. 饭店（包括公寓楼）和餐馆（CPC 641-643）	(1) 没有限制 (2) 没有限制 (3) 外国服务提供者可以合资企业形式在中国建设、改造和经营饭店和餐馆设施，允许外资拥有多数股权。	(1) 没有限制 (2) 没有限制 (3) 没有限制	

续表

服务提供方式：(1) 跨境支付 (2) 境外消费 (3) 商业存在		
部门或分部门	市场准入限制	国民待遇限制	其他承诺
	中国加入后 4 年内，取消限制，将允许设立外资独资子公司。		
B. 旅行社和旅游经营者（CPC 7471）	(1) 没有限制 (2) 没有限制 (3) 满足下列条件的外国服务提供者可以自加入时起以合资旅行社和旅游经营者的形式在中国政府指定的旅游度假区和北京、上海、广州和西安提供服务： a) 旅行社和旅游经营者主要从事旅游业务； b) 全球年收入超过 4000 万美元。 合资旅行社/旅游经营者的注册资本不得少于 400 万元人民币。 中国加入后 3 年内，注册资本不得少于 250 万元人民币。 加入后 3 年内，将允许外资拥有多数股权。	(1) 没有限制 (2) 没有限制 (3) 合资或独资旅游旅行社和旅游经营者不允许从事中国公民出境及赴中国香港、中国澳门和中国台北的旅游业务，除此之外没有限制。	

续表

服务提供方式：（1）跨境支付（2）境外消费（3）商业存在

部门或分部门	市场准入限制	国民待遇限制	其他承诺
	加入后6年内，将允许设立外资独资子公司，将取消地域限制。 旅行社/旅游经营者的业务范围如下： a) 向外国旅游者提供可由在中国境内的交通和饭店经营者直接完成的旅行和饭店住宿服务； b) 向国内旅游者提供可由在中国境内的交通和饭店经营者直接完成的旅行和饭店住宿服务； c) 在中国境内为中外旅游者提供导游；及 d) 在中国境内的旅行支票兑现业务。 加入后6年内，将取消对合资旅行社/旅游经营者设立分支机构的限制，且对于外资旅行社/旅游经营者的注册资本要求将与国内旅行社/旅游经营者的要求相同。		
10. 娱乐文化体育服务（视听服务除外）			

续表

服务提供方式：(1) 跨境交付 (2) 境外消费 (3) 商业存在

部门或分部门	市场准入限制	国民待遇限制	其他承诺
D. 体育和其他娱乐服务（仅限 CPC 96411, 96412, 96413, 高尔夫服务除外）	(1) 不做承诺 (2) 不做承诺 (3) 允许设立外资独资公司，需进行经济需求测试。	(1) 不做承诺 (2) 不做承诺 (3) 不做承诺	

11. 运输服务
 	
A. 海运服务
一国际运输（货运和客运）(CPC 7211, 7212, 不包括沿海和内水运输服务)
	(1) (a) 班轮运输（包括客运）：没有限制
	    (b) 散货，不定期和其他国际船运（包括客运）：没有限制
	(2) 没有限制
	(3) (a) 设立注册公司，以经营悬挂中华人民共和国国旗的船队；
	    一允许外国服务提供者设立合资船运公司。
	    一外资不得超过合资企业注册资本的49%。
	    一合资企业的董事会主席和总经理应
		(1) (a) 没有限制
		    (b) 没有限制
		(2) 没有限制
		(3) (a) 没有限制
			下列港口服务以合理和非歧视的条款和条件（使国际海运提供者可获得）提供：
			1. 领航；
			2. 拖带和牵引辅助；
			3. 物资供应、供油和供水；
			4. 垃圾收集和压舱废物处理；
			5. 驻港船长服务

续表

服务提供方式：(1) 跨境交付 (2) 境外消费 (3) 商业存在

部门或分部门	市场准入限制	国民待遇限制	其他承诺
	由中方任命。 (b) 提供国际海运服务的其他商业存在方式：不做承诺。	(b) 不做承诺	6. 助航设备 7. 船舶运营所必需的岸基运营服务，包括通信、水、电供应 8. 紧急修理设施 9. 锚地、泊位和靠泊服务。
H. 辅助服务 a. 海运理货服务（CPC 741） c. 海运报关相关服务	(1) 不做承诺* (2) 没有限制 (3) 仅限于合资企业形式，允许外资拥有多数股权。	(1) 不做承诺* (2) 没有限制 (3) 没有限制	
d. 集装箱堆场服务	(1) 不做承诺* (2) 没有限制 (3) 仅限于合资企业形式，允许外资拥有多数股权。	(1) 不做承诺* (2) 没有限制 (3) 没有限制	

* 由于技术上缺乏可行性，不做承诺。

续表

服务提供方式：(1) 跨境支付 (2) 境外消费 (3) 商业存在

部门或分部门	市场准入限制	国民待遇限制	其他承诺
e. 海运代理服务	(1) 没有限制 (2) 没有限制 (3) 仅限于合资企业形式，外资股比不超过49%。	(1) 没有限制 (2) 没有限制 (3) 没有限制	
B. 内水运输 b. 货运 (CPC 7222)	(1) 只允许在对外国船舶开放的港口从事国际运输。 (2) 没有限制 (3) 不做承诺	(1) 同市场准入栏下标明的限制。 (2) 没有限制 (3) 不做承诺	
C. 航空运输服务 d. 航空器的维修服务 (CPC 8868)	(1) 不做承诺* (2) 没有限制 (3) 允许外国服务提供者在中国设立合资航空器维修企业。中方应在合资企业中控股或处于支配地位。	(1) 不做承诺* (2) 没有限制 (3) 中外合资、合作航空器维修企业有承揽国际市场业务的义务。	

* 由于技术上缺乏可行性，不做承诺。

服务提供方式：(1) 跨境交付 (2) 境外消费 (3) 商业存在

部门或分部门	市场准入限制	国民待遇限制	其他承诺
一计算机订座系统 (CRS) 服务	(1) A. 外国计算机订座系统，如与中国航空企业和中国计算机订座系统立协议，则可通过与中国计算机订座系统连接，向中国空运企业和中国航空代理人提供服务。 B. 外国计算机订座系统可向根据双边航空协定有权经营的外国空运企业在中国通航城市设立的代表处或营业所提供服务。 C. 中国空运企业和外国空运企业的代理直接进人和使用外国计算机订座系统须经中国民航总局批准。 (2) 没有限制 (3) 允许外国服务提供者在华与中国的计算机订座服务提供者成立合资企业。中方应在合资企业中控股或处于支配地位。设立合资企业的营业许可需进行经济需求测试。	(1) 没有限制 (2) 没有限制 (3) 不做承诺	

续表

服务提供方式：（1）跨境支付　（2）境外消费　（3）商业存在		
部门或分部门	市场准入限制	国民待遇限制	其他承诺
E. 铁路运输服务 —铁路货运 （CPC 7112）	（1）没有限制 （2）没有限制 （3）仅限于合资企业形式，外资股比不超过49%。 对于铁路运输，中国加入后3年内，将允许外资拥有多数股权，中国加入后6年内，将允许设立外资独资子公司。	（1）没有限制 （2）没有限制 （3）没有限制	
F. 公路运输服务 —公路卡车和汽车货运 （CPC 7123）	（1）没有限制 （2）没有限制 （3）对于公路运输，允许设立外资独资子公司。	（1）没有限制 （2）没有限制 （3）没有限制	
一机动车的保养和修理服务 （CPC 61120）	（1）没有限制 （2）没有限制 （3）允许设立外资独资子公司。	（1）没有限制 （2）没有限制 （3）没有限制	

续表

服务提供方式：(1) 跨境交付 (2) 境外消费 (3) 商业存在

部门或分部门	市场准入限制	国民待遇限制	其他承诺
H. 所有运输方式的辅助服务 一仓储服务（CPC 742）	(1) 不做承诺 (2) 没有限制 (3) 允许设立外资独资子公司。	(1) 不做承诺 (2) 没有限制 (3) 没有限制	
一货物运输代理服务 （CPC 748, 749, 不包括货检服务）	(1) 没有限制 (2) 没有限制 (3) 允许有至少连续 3 年经验的外国货运代理在中国设立合资货运代理企业。允许设立外资独资子公司。 合资企业的经营期限不得超过 20 年。 在中国经营 1 年以后，合资企业可设立分支机构。 外国货运代理在其第一家合资企业经营 2 年后，可设立第二家合资企业。	(1) 没有限制 (2) 没有限制 (3) 没有限制	

第二部分　新方服务贸易具体承诺减让表
（节选）

服务提供方式：(1) 跨境交付 (2) 境外消费 (3) 商业存在

部门或分部门	市场准入限制	国民待遇限制	其他承诺
一、水平承诺			
本减让表中包括的所有部门		3）根据依《1973 年海外投资法》颁布的《1985 年海外投资条例》，由"海外人士"①进行的下列投资需要海外投资委员会的批准： （a）收购或控制的公司股份，或掌握的表决权达到或超过 25%，且该公司资产或转移的资金超过一千万新西兰元； （b）在新西兰设立新公司，且总开支超过一千万新西兰元；	

① 见附件 A. 2。

服务提供方式：(1) 跨境交付 (2) 境外消费 (3) 商业存在

部门或分部门	市场准入限制	国民待遇限制	其他承诺
		(c) 支付或应付的资产总额超过一千万新西兰元的公司资产收购行为； (d) 因发行或发配发股份造成股权已经发配即将超过 25%，且支付或应付的总额超过一千万新西兰元的股份发行或配发行为。	
		收购农业用地，不管投资额大小都须得到海外投资委员会批准。依据《促进土地定居和获得法》，某些类别的土地购买也须得到批准。 对现有的国有企业不做承诺。	
		1)、2)、3) 对国家和地方政府给予毛利人或组织更加优惠待遇相关的收购、设立或经营工商企业的现有和将来的措施不做承诺。	

续表

服务提供方式：（1）跨境支付（2）境外消费（3）商业存在

部门或分部门	市场准入限制	国民待遇限制	其他承诺
二、具体承诺			
1. 商务服务			
A. 专业服务			
（a）与下列法律领域相关的法律服务：			
从事新西兰法律业务（CPC 861）	1）没有限制 2）没有限制 3）没有限制	1）没有限制 2）没有限制 3）没有限制	
提供国际法咨询（CPC 861）	1）没有限制 2）没有限制 3）没有限制	1）没有限制 2）没有限制 3）没有限制	

服务提供方式: (1) 跨境支付 (2) 境外消费 (3) 商业存在			
部门或分部门	市场准入限制	国民待遇限制	其他承诺
(b) 会计、审计和簿记服务 (CPC 862)	1) 没有限制 2) 没有限制 3) 没有限制	1) 没有限制 2) 没有限制 3) 没有限制	
(c) 税收服务 税务编制服务 (CPC 86302, CPC 86303)	1) 没有限制 2) 没有限制 3) 没有限制	1) 没有限制 2) 没有限制 3) 没有限制	
(d) 建筑设计服务 (CPC 8671)	1) 没有限制 2) 没有限制 3) 没有限制	1) 没有限制 2) 没有限制 3) 没有限制	
(e) 工程服务 (CPC 8672)	1) 没有限制 2) 没有限制 3) 没有限制	1)、3) 某些与健康和安全有关的认证服务仅限于注册工程师,获得注册必须是新西兰普通居民。 2) 没有限制	

续表

服务提供方式：(1) 跨境支付 (2) 境外消费 (3) 商业存在

部门或分部门	市场准入限制	国民待遇限制	其他承诺
(i) 兽医服务 (CPC 9320)	1) 不做承诺* 2) 没有限制 3) 没有限制	1) 不做承诺* 2) 没有限制 3) 没有限制	
B. 计算机及相关服务			
(a) 与计算机硬件安装有关的咨询服务（CPC 841)	1) 没有限制 2) 没有限制 3) 没有限制	1) 没有限制 2) 没有限制 3) 没有限制	
(b) 软件执行服务（CPC 842)	1) 没有限制 2) 没有限制 3) 没有限制	1) 没有限制 2) 没有限制 3) 没有限制	

* 由于技术上缺乏可行性，不做承诺。

续表

服务提供方式：(1) 跨境支付 (2) 境外消费 (3) 商业存在

部门或分部门	市场准入限制	国民待遇限制	其他承诺
(c) 数据处理服务 (CPC 843)	1) 没有限制 2) 没有限制 3) 没有限制	1) 没有限制 2) 没有限制 3) 没有限制	
(d) 数据库服务 (CPC 844)	1) 没有限制 2) 没有限制 3) 没有限制	1) 没有限制 2) 没有限制 3) 没有限制	
包括计算机在内的办公机器和设备的维修和保养服务 (CPC 845)	1) 没有限制 2) 没有限制 3) 没有限制	1) 没有限制 2) 没有限制 3) 没有限制	
(e) 其他计算机服务 (CPC 849)	1) 没有限制 2) 没有限制 3) 没有限制	1) 没有限制 2) 没有限制 3) 没有限制	

续表

服务提供方式：(1) 跨境交付 (2) 境外消费 (3) 商业存在

部门或分部门	市场准入限制	国民待遇限制	其他承诺
D. 房地产服务			
(a) 涉及自有或租赁房地产的服务 (CPC 821)	1) 没有限制 2) 没有限制 3) 没有限制	1) 没有限制 2) 没有限制 3) 没有限制	
(b) 基于收费或合同的房地产服务 (CPC 822)	1) 没有限制 2) 没有限制 3) 没有限制	1) 没有限制 2) 没有限制 3) 没有限制